CARROT HOUSE
中国北京市通州区大运河开发区运河明珠2号楼2单元2172

八先生 중국어 – 토론
ⓒ Carrot House

All rights reserved. No part of this publication may be reproduced, stored in a retrieval system, or transmitted, in any form or by any means, without the prior permission in writing of CARROT HOUSE.

First published August 2012
Reprinted July 2013

Author : Carrot Language Research & Development Department
Editing Director : 矯健

ISBN 978-89-6732-031-7

Printed and distributed in Korea
9th Fl., 488 Gangnam St., Gangnam-gu, Seoul, South Korea 06120

중국에 대한 이해

중국(中國)은 본래 고대 중원 지방을 뜻하였으나, 현재는 나라의 이름을 뜻하는 고유명사이다. 중국의 정확한 국명은 '중화인민공화국(中華人民共和國)'이며 1949년 10월 1일에 건국되었다.

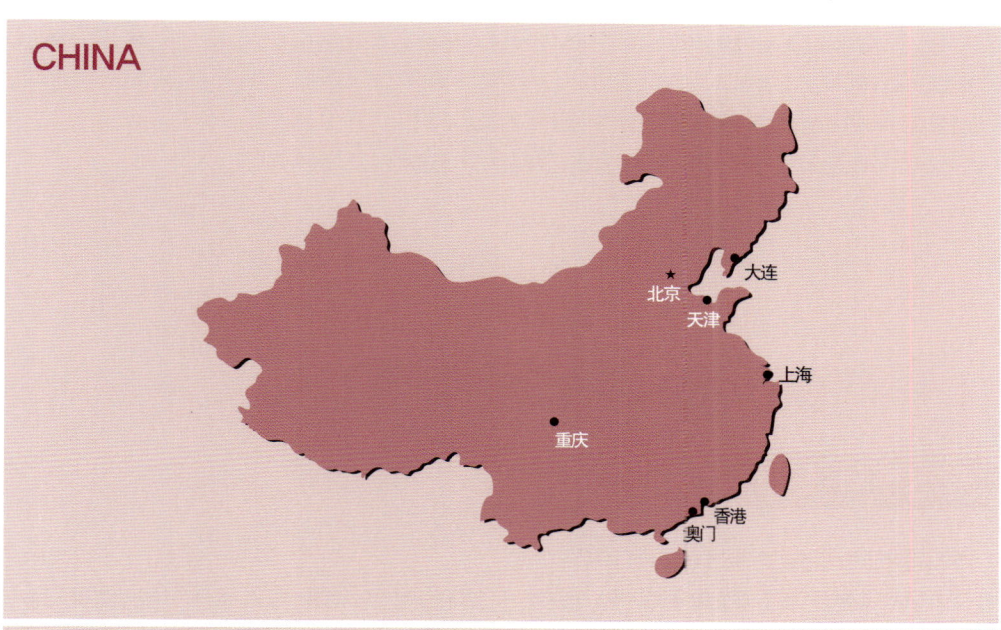

중문 국명 | 中華人民共和國(중화인민공화국)
영문 국명 | The People's Republic of China(P.R.C.)
국명 약칭 | 中國(China)
수도 | 북경(北京)
건국일 | 10월 1일

표준어 | 한어(漢語) 또는 보통화(普通話)
화폐 | 인민폐(RMB)
시차 | 한국보다 1시간 느림
정치 제도 | 인민공화국(입헌공화제)
인구 | 약 13억 7천 만명

민족 구성 | 한족(漢族), 장족(壯族), 만주족(滿族) 등 56개 민족
주요 종교 | 불교, 도교, 기독교, 회교
국토 면적 | 959만 6960 제곱킬로미터

팔선생 이야기

중국에서 先生(선생)은 영어 'Mr.'를 의미하며, 八(8)은 번영과 발전을 의미하는 发(發)과 발음이 비슷하여 중국에서는 누구나 좋아하는 숫자입니다.
八先生은 누구에게나 친숙하고 누구나 좋아하는 사람을 지칭하기도 하죠.
〈팔선생〉은 누구나 쉽고 재미있게 접근할 수 있는 교재입니다.
〈팔선생〉을 통해 즐겁게 중국어와 중국문화를 공부하시고 경험하시길 바랍니다.

팔선생의 특징

1. 쉽고 재미있게 접근할 수 있는 〈팔선생 토론〉
본 교재에서 토론은 고급 레벨의 학습자만 접근할 수 있다는 생각의 틀을 깨고, 초급 이상 레벨의 학습자도 그 동안 배운 단어를 토대로 각 주제에 대한 자신의 의견을 정리하고, 토론할 수 있도록 구성했습니다. 각 과에 수록된 본문은 초급 이상의 레벨의 학습자라면 10개 이내의 새로운 단어를 충분히 학습할 수 있도록 구성했습니다. 주제 역시 누구나 한 번쯤은 고민했을 내용들로 나열하여 학습자들이 주제에 흥미를 가지고 토론할 수 있도록 엄선했습니다.

2. 토론! 전혀 어렵지 않아요.
각 과 첫 페이지에 그림에 대한 질문, 빈칸 채우기 등 다양한 형태의 브레인스토밍을 제공하여 학습자가 주제를 친숙하고 쉽게 느낄 수 있도록 했습니다. 500자 이내의 본문을 통해 학습자가 주제에 대한 간단한 지문을 읽어본 후 아래 제시된 5가지 질문에 대해 자신의 주장을 명확하게 할 수 있도록 준비했습니다. 또한 토론 형태도 주제에 따라 다양하게 제시하여 학습자의 이해도를 높였습니다.

3. 중국어로 쓰고, 말하기가 재미있어지게 하는 〈팔선생 토론〉
매 과마다 재미있는 주제에 대해 자신의 의견을 간단한 형태에서 복합적인 형태로 발표할 수 있도록 구성하였습니다. 또한 매 과 마다 4컷 만화를 삽입하여 하나의 완성된 이야기를 만들어서 말하는 연습을 할 수 있도록 구성하였습니다. 1과부터 16과까지 교재의 주제와 내용에 따라 중국어로 쓰고, 말하는 연습을 한다면 자신도 모르는 사이에 유창하게 중국어로 자신의 의견을 표현할 수 있는 모습을 발견하게 될 것입니다.

팔선생 시리즈는 학습자 여러분이 중국어에 대해 흥미와 자신감을 갖고 기초부터 중고급까지 차근차근 연습할 수 있도록 오랫동안 연구하여 제작된 교재입니다. 팔선생 시리즈가 학습자 여러분의 글로벌 역량을 강화시키는 데 큰 힘이 되길 바랍니다.

목차

제1과 不能没有你! 너 없이는 안 돼! 7p
🌸 토론해봅시다
请写下手机所带来的消极影响，讨论一下减少负面影响的方法。

제2과 真正的爱 진정한 사랑 13p
🌸 토론해봅시다
想想爱的定义和理由，以此来写一段话并到前面来发言。

제3과 你的身体是否还"新鲜"? 당신의 몸은 아직도 "신선"하신가요? 19p
🌸 토론해봅시다
为了健康生活，你认为我们首先应该做到什么？

제4과 活到老，学到老。 배움의 길은 끝이 없다. 25p
🌸 토론해봅시다
请各选一个一定要给子女进行教育的内容和自己以后一定想要学习的一项并发言。

제5과 家庭的意义 가정의 의미 31p
🌸 토론해봅시다
请写下并发言：对你来说，家人到底意味着什么。

제6과 何以解忧，唯有杜康。 어찌 시름을 달랠꼬, 오직 술 뿐이구나. 37p
🌸 토론해봅시다
分成"我们社会需要酒"和"我们社会不需要酒"两组，进行下列讨论。

제7과 怎么让晚年更幸福? 어떻게 하면 노년을 더 행복하게 보낼 수 있을까요? 43p
🌸 토론해봅시다
你的生活重点放在哪儿？平时我们的生活重点应该放在哪一个？分成两组进行讨论。

제8과 宠物对我们来说是什么? 애완동물은 우리에게 있어서 어떤 존재일까요? 49p
🌸 토론해봅시다
根据自己对装电子芯片持反对还是赞成的意见，写下完整的一段话并发言。

제9과 不打不成材，棍棒之下出孝子吗? 때리지 않으면 인재가 될 수 없고 회초리 아래에서 효자가 나오는 것일까요? 55p
🌸 토론해봅시다
你同意"不打不成材，棍棒之下出孝子"这个观点吗？写下你的观点和理由，并说服对方。

토론해봅시다
为了提升竞争力,
我们应该做什么努力?
或者你想做出什么改变?
整理一下并发言。

제10과 美貌也是一种竞争力?
61p 외모도 경쟁력이다?

제11과 和我们共存的大自然
67p 우리와 공존하는 자연

토론해봅시다
科学发展能解决环境污染
问题吗? 请写下自己的意见
和根据并发言。

토론해봅시다
有句话说: "外国的月亮比较圆",
你对此有什么看法?
关于"物品能反映人的价值",
你是赞成还是反对?
让自己活得更有价值的方法
有哪些?

제12과 要名牌还是要物美价廉?
73p 명품을 원하십니까, 아니면 값싸고
질 좋은 제품을 원하십니까?

제13과 如果世上还有个和我
一样的人
79p 만약이 이 세상에 당신과 같은
사람이 있다면

토론해봅시다
如果是医疗上的目的,
人体胚胎实验应该在某种程度上
得到许可, 你同意吗?

토론해봅시다
你支持国家继续搞福彩事业
吗? 彩票事业可引起什么
问题? 如何改善这些问题?

제14과 彩票的魅力
85p 복권의 매력

제15과 电视剧里的历史
91p TV 속 역사

토론해봅시다
制作历史电视剧时, 应该
容许有多少虚构的成分?
历史电视剧观众的立场应该
是怎样的? 简单写下自己的
意见并发言。

토론해봅시다
你同意"旧的不去, 新的不来"
这个观点吗?
写下你的观点和理由, 并说服
对方。

제16과 拆的是房子, 痛的是
文化。
97p 철거되는 것은 집이지만,
아파하는 것은 문화이다.

부록 연습문제 답안
103p

제1과
不能没有你!

학습목표
1. 현대생활의 필수품의 유용성과 관련된 주요 단어 및 표현에 대해 연습할 수 있다.
2. 핸드폰의 장점과 단점에 대한 각자의 견해를 듣고 토론할 수 있다.

학습내용
❀ 조동사 能
❀ 虽然~, 但是~。

❓ 完成下面的句子, 并回答问题。

_____是现代人生活的必需品。

如果没有_____会发生什么事?

본문 | 现代生活的必需品

现代生活的必需品——说到这个话题，我们可以想到很多。比如，洗衣机是我们生活的必需品。没有洗衣机，每件衣服都要手洗，很不方便。吹风机也是我们生活的必需品。想一想，每天早上上班时，头发湿漉漉的，没有吹风机那怎么行？燃气、电灯更不用说，都是我们离不开的必需品。很难想象我们的生活没有它们会多么不方便。但是有一样东西，在短短的三十年里就已经成为现代生活不能缺少的物品之一，那就是手机！

现在很多人已经不仅有一部手机了，两部甚至三部的也比较普遍。越来越多的人开始离不开手机了。有人对世界上10个国家的1000人进行了24小时"无手机"实验，要求在一天内不使用手机。结果大部分人说，没有手机让他们很不安，一部分人甚至没能完成实验。所有的人在没有手机后都有"孤独、烦躁、不安、紧张"的感觉。而在对11个国家8000多人进行调查后发现，有3/4的人会随身带着手机，1/4的人觉得手机比钱包更重要，2/3的人在睡觉时不会关手机，1/3的人甚至说，他们离开手机就无法生活。

现在人们不仅仅用手机打电话、接电话、发短信，也会用手机上网、听歌、看电子书、拍照、玩游戏、发微博等等。手机给生活带来了很多方便，人们觉得只要有手机就不会无聊。你能想象没有手机的生活会是怎样的吗？

1 在你的日常生活中，手机起着怎样的角色？
2 如果没有手机，你的生活会是什么样？
3 智能手机是让人更睿智，还是让人变得低能？
4 在中国使用拇指来发短信的人被称为拇指族，你也是其中一员吗？
5 手机对现代人是正面影响多，还是负面影响多？谈一谈你的看法。

단어학습

1. 必需品 [bìxūpǐn]　　生活上不缺少的物品 [명] 필수품
2. 湿漉漉 [shīlùlù]　　潮湿的样子 [형] 축축하다
3. 燃气 [ránqì]　　气体燃料 [명] 가스, 기체 연료
4. 普遍 [pǔbiàn]　　适合于广大范围的；具有共同性的
　　　　　　　　　[형] 보편적인, 일반적인, 널리 퍼져 있는
5. 甚至 [shènzhì]　　连词, 提出突出的事例 [접속] 심지어, …까지도, …조차도
6. 实验 [shíyàn]　　试验活动 [명][동] 실험(하다)
7. 孤独 [gūdú]　　独自一个人；孤单 [형] 고독하다, 외롭다, 쓸쓸하다
8. 烦躁 [fánzào]　　烦闷急躁 [형] 초조하다, 안달하다
9. 紧张 [jǐnzhāng]　　精神处于高度准备状态, 兴奋不安 [형] 불안하다
10. 微博 [wēibó]　　微型博客 [명] 미니블로그 (twitter)

연습문제

♣ 填空

1) 现代的明星都有先进的宣传工具, 即＿＿＿＿＿, 能随时发布近况。

2) 用智能＿＿＿＿＿上网可以做很多事情。

3) 很多人用手机＿＿＿＿＿看小说。

4) 目前, 手机上网的增幅比传统方式的＿＿＿＿＿要大很多。

5) 除了长处外, 手机也有无法有效阻拦青少年接触＿＿＿＿＿等令人头疼的问题。

토론해봅시다

虽然我们在生活中不可能不用手机，但是使用手机有不少负面影响。那么，请写下手机所带来的消极影响，讨论一下减少负面影响的方法。

1. 手机带来的消极影响：

❀
❀
❀
❀
❀
❀

2. 减少负面影响的方法：

❀
❀
❀
❀
❀
❀

报刊阅读

관련 기사를 읽어봅시다.

丢了手机，也丢不了人脉

小薰是刚刚参加工作的大学生，前一阵子和同事一起出去玩不小心把手机给丢了。小薰当时没啥感觉，反正年轻人换手机很平常，但那些年长些的同事可是担心了，手机丢了不紧要，那些联系人丢了可不好办啊。谁知，小薰却笑着说没关系。一问才知道，原来小薰用了移动通信录备份联系人和短信。

有的时候，我们丢掉的可能只是手机，但是有的时候我们可能同时也失去了我们珍贵的人脉或者无限的前途。其实丢手机并不可怕，关键是在心理上和行为上要有所准备。在这个移动通信时代，有很多通信录软件都可以备份我们的手机信息，防止手机联系人和信息丢失。移动通信录就是其中的一款软件。它通过把手机信息备份到云端，保证手机联系人和手机短信永久不丢失，同时用户还可以登录移动微博在线编辑自己的联系人。

江西移动客服人员介绍说，移动通信录是专门免费为用户提供安全的通讯录、短信备份和通话增强功能的通话辅助软件，拥有智能搜索、通讯录备份、黑白名单、联系人分组、短信群发、归属地等功能。使用移动通讯录查找联系人时，无论是手机号，还是拼音，或者只是拼音的首字母，都能快速把联系人找出来，更高效利用时间；它还可以把联系人分成不同的组，进行快速短信群发，也可以对不同的分组设置不同的铃声。可以说，移动通讯录的功能在同类软件中十分强大。有了它，我们就算丢了手机也丢不了人脉。

文章来源：江西日报(黄继妍)

看图说话

♣ 请认真看下列四幅图片后，根据图片的内容讲述一个完整的故事。

제 2 과
真正的爱

학습목표
1. 사람의 감정과 관련된 형용사를 연습하고 이에 대해 표현할 수 있다.
2. 사랑의 정의에 대한 각자의 견해를 듣고 토론할 수 있다.

학습내용
❀ 부사 地
❀ 사역동사 使

如果用三个单词给"爱"下定义，你会使用哪几个单词？

1. _____ 2. _____ 3. _____

简单地回答下面的问题。

1. 你的初恋是什么时候？
2. 你有因想念某人而睡不着觉的时候吗？

본문 | LOVE是什么？

一日，独立自信的女人来到上帝面前，问："主啊！什么是爱？"上帝说："爱，就是LOVE。"

女人又问："LOVE是什么？"上帝说："LOVE就是L-O-V-E。L是指Laughter(欢笑)，与爱人一起，如果不快乐的话，又怎算是爱？O是指Obligation(义务)，爱并不只有欢笑，还要为对方付出。V是指Voice(意见)，二人相处需要有自己的意见，同时也要大声表达出来让对方知道。E则是Equality(平等)，在爱之内，没有高低尊卑之分。"

女人再问："主啊！你的道理实在太深了，我需要时间理解，但我怕忘记你的话，可否赐予我一些信物？让我永远也不忘你的教诲！"上帝随手在附近四块石头上，刻上L-O-V-E四字。女人十分欢喜，想要搬石头回家，却发觉四块石头太重，自己最多只能搬动两块。

女人想：我住的城市重视男女平等，E字那一块可以不用搬回去。O对伴侣的义务太沉重，没有必要拿回去。于是，女人抱起剩下的两块石头，回到大城市，到家马上呼呼大睡。睡醒后，女人发现自己竟将大部分话都忘掉了，但幸好她见到床边仍放着自己千辛万苦捧回来的两块大石头，心满意足地笑了。

从此，女人眼中的LOVE就变成只有LV了。

1　你怎么看待这个女人？
2　你同意上帝说的爱的内容吗？
3　人总是不太懂什么是爱，你也会如此吗？
4　你对爱情有什么样的期待？
5　说说读完这个故事后是什么心情？

단어학습

1. 义务[yìwù]　　　　　应尽的责任 [명] 의무
2. 意见[yìjiàn]　　　　 见解，主张 [명] 견해, 의견
3. 相处[xiāngchǔ]　　　共同生活；相互交往 [동] 함께 살다/지내다
4. 尊卑[zūnbēi]　　　　位分的高低 [형] 높고 낮다
5. 赐予[cìyǔ]　　　　　赏赐；赐给 [동] 하사하다, 내려주다
6. 信物[xìnwù]　　　　 作为凭证的物件 [명] 증거물, 증표
7. 教诲[jiàohuì]　　　　教导 [동] 타이르다, 인도하다, 인생경험을 가르치다
8. 千辛万苦[qiānxīnwànkǔ]　各种各样的艰难困苦 천신만고
9. 心满意足[xīnmǎnyìzú]　　形容心中非常满意 매우 만족해 하다

연습문제

♣ 改错别字

1) 老师的教悔使我一直都无法忘记。
   → _____

2) 我千心万苦才找到了古书。
   → _____

3) 我心满义足地点了点头。
   → _____

4) 妈妈对我的负出我会记在心里。
   → _____

5) 我们有议务好好学习。
   → _____

토론해봅시다

对"爱"的定义：

1. 爱是……

2. 想想爱的定义和理由，以此来写一段话并到前面来发言。

报刊阅读

관련 기사를 읽어봅시다.

这个爱情故事太励志了

6月24日，湖南交通频道《月光海岸》主持人小海发布一条微博引起热议。她在微博里写道："11年前，有个小朋友读初一，给小海姐姐写信说，你可不可以做我女朋友。当时觉得他可爱，就说，好，但要等你将来清华或北大毕业了，挣到第一个100万了再来找我。那时想，怎么可能做到？没想到，一早接到这个小孩儿电话，小海姐姐，我做到了！现在在北京！瞬间觉得时空交错。怎么可能?!"

这条微博被广泛传播，网友纷纷留言称这个故事太励志了！并关心询问接下来小海和那个男孩的进展情况。25日上午9点25分，小海再次更新微博写道："从昨天下午起，满脑子盘旋着'嫁了吧'、'从了吧'、'我又相信爱情了'……感谢当年小朋友对小海姐姐的信任，如果每个人一生中，都有一个可以装着的、足以激励自己的梦想，是件很美好的事情。至于这故事最后的结尾已然不重要。祝福这个大男孩，小海姐姐永远支持你。"

而据说故事的结局没有网友想的那么浪漫，两人见面后没有说太多，"他祝我端午节快乐，然后说有机会大家一起吃个饭。"现在的小海，有自己的男朋友，有自己的生活。

文章来源：温州商报

看图说话

♣ 请认真看下列四幅图片后,根据图片的内容讲述一个完整的故事。

제3과
你的身体是否还"新鲜"?

학습목표
1. 건강과 관련된 습관, 행동 및 감정에 대한 단어들을 연습하고 이에 대해 표현할 수 있다.
2. 건강에 대한 각자의 견해를 듣고 토론할 수 있다.

학습내용
❀ 是否
❀ 정도보어 得

 说一说

1. 你有哪些特别的习惯或生活方式?
2. 应该改正的生活习惯或者生活方式都有哪些?

(1) 饮食习惯　　(2) 日常生活　　(3) 工作习惯

为了健康需要养成哪些习惯? 请写一写。

_____
_____
_____
_____

본문 | 健康问题

一年又一年,你忙着工作、学习,有多少时间能停下来关心一下自己和家人的健康呢?身体是最诚实的,我们在不知不觉间伤害了健康、让身体失去了平衡。有人会说"这都是生活造成的"。可是你为自己的身体做过什么呢?

1. 保证睡眠

有些人平时工作到很晚,睡眠很不足,怎么办?能不能周末在家睡20个小时,把平时的都补回来呢?答案是不行,这是一种错误的做法。健康的人每天都要有充分的睡眠时间,一般成年人应该是6~9个小时。这样才能保持身体的规律。

2. 营养饮食

吃饭的时候,应该坚持平衡、多样、适量的原则。每天都要吃谷类、蔬菜、水果、奶制品和肉类四种食物,食用新鲜而且符合季节的食物。坚持每天喝足够的水,可以加快身体的新陈代谢。

3. 多运动

每天活动3个小时的人,比活动量少的人更不容易感冒。专家建议,最好每周运动3次,快走、爬楼梯或打乒乓球都可以。不喜欢跑步的人,可以多散步,或者做瑜伽等室内运动。

4. 心情愉快

无论你休息得多好、吃得多健康、运动了多少次,如果你的心情每天都不好,也算不上健康的生活。中国有句俗话叫"笑一笑,十年少"。意思是说,经常笑的人会更年轻,这也说明了好心情的重要性。

Question

1. 你平均每天睡几个小时?你觉得睡眠充足吗?不足的话怎么补充?
2. 你的睡眠质量如何?跟白天的精神状态有关系吗?
3. 你吃得好吗?有偏食的习惯吗?都喜欢吃什么?
4. 你经常运动吗?每次运动多长时间?喜欢什么运动?
5. 遇到不开心的事情,你怎么调节?你可以保持平和的心态吗?

단어학습

1. 诚实[chéngshí] 言行一致、表里如一的道德品质 [형] 진실하다
2. 平衡[pínghéng] 对立的两个方面均等 [형] 균형이 맞다
3. 保证[bǎozhèng] 确保达到(既定的要求和标准) [동] 보증하다, 담보하다
4. 睡眠[shuìmián] 睡觉 [명] 수면, 잠
5. 规律[guīlǜ] 事物之间的内在的本质联系 [명] 규율, 법칙, 규칙
6. 符合[fúhé] 相合 [동] 부합하다, 일치하다
7. 新陈代谢[xīnchéndàixiè] 生物体不断用新事物代替旧事物的过程 신진대사
* 爬楼梯[pá lóutī] 계단을 뛰어오르다
* 做瑜伽[zuò yújiā] 요가를 하다

연습문제

♣ 下面是与健康有关的句子, 请翻译成韩国语。

1) 吃到七分饱。
→ _____

2) 多喝水, 少喝咖啡、碳酸饮料等。
→ _____

3) 饭后走一走, 活到九十九。
→ _____

4) 不喝酒, 不抽烟。
→ _____

5) 保持身心健康。
→ _____

6) 定期进行身体检查。
→ _____

토론해봅시다

为了健康生活，你认为我们首先需要做到什么？
请写下实践内容和3个理由。

1. 为了健康要做到的事。

2. 写出三个理由。

理由 1：

理由 2：

理由 3：

3. 以上面内容为基础，写下一段文章并到前面来发言。

报刊阅读 관련 기사를 읽어봅시다.

健康常识: 老人应少吃多餐

随着年纪的增长，老年人的消化功能日益减退，难以消化吸收所吃的全部食物，所以每顿饭尽量少吃些，这样就不会引起消化不良，如果怕肚子饿或营养不良，那么每天可以吃四顿，也就是少吃多餐。

老人应少吃多餐

1. 通常早餐和午餐的间隔时间比较短，午餐和晚餐的间隔时间比较长。这种情况下可以把晚餐提前，再加一点夜宵。比如8点用早餐，12点用午餐、下午4点用晚餐，晚上8点再加一点夜宵。
2. 老年人一般习惯早睡早起，所以可以把早餐提前，每隔四五个小时进一次餐。比如7点用早餐、11点用午餐、下午3点和7点再用两次餐。
3. 如果晚餐吃得较晚，可以加一次下午茶。比如7点半用早餐、11点半用午餐，晚餐选在晚上6点半或7点，那就可以在下午3点左右加一次下午茶。

总之，老年人可以根据自己的作息时间和消化情况，采取每顿少吃点，但多加一餐的方法调整饮食，这样就能既吃得饱，又吃得好了。

文章来源: 食品产业网

看图说话

♣ 请认真看下列四幅图片后,根据图片的内容讲述一个完整的故事。

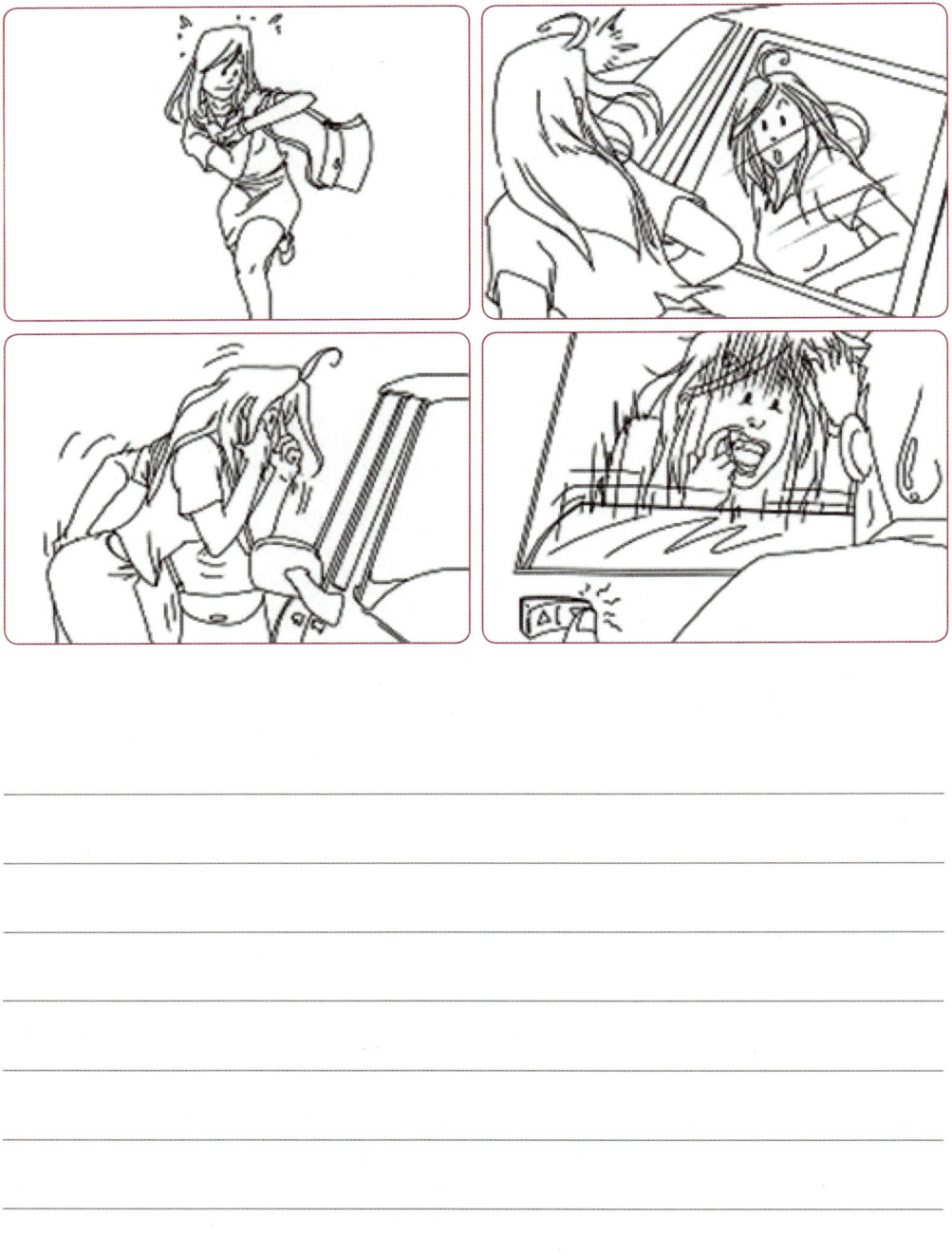

제 4 과

活到老，学到老。

학습목표
1. 공부 또는 학습과 관련된 과거의 모습, 동기부여에 대한 단어들을 연습하고 표현할 수 있다.
2. 학습에 대한 각자의 견해를 듣고 토론할 수 있다.

학습내용
❀ 조동사 应该
❀ 비교 相比

在你目前的生活中，你觉得应该学什么，写写看。

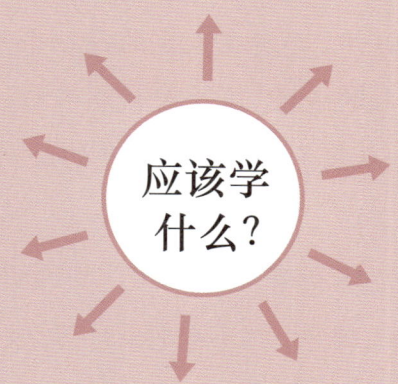

谈一谈:

1. 上学的时候你想学什么来着? 现在需要学习的又是什么?
2. 学生时代和现在想学习的内容相比有变化吗? 原因是什么?
3. 成功人士在学习方面跟普通人有不一样的地方吗?
4. 为了具备成功人士具有的特点，我们应该在哪些方面努力呢?

본문 | 应该学什么？

作为已经在社会上工作的成年人，应该学什么是很多人苦恼的问题。

学生时代，为了升学考试而做准备，理论性的多，或者说是为了拿文凭而学习。一旦毕业后在公司开始工作，就会发现：其实学校所学的很多东西都用不上，能用上所学的10%就算很不错了。

开始工作后，作为公司职员，需要学习一些有用的知识来完善自己。首先是跟工作有关的基本技能。比如做资料时需要用PPT、EXCEL、PHOTOSHOP等办公软件。其次就是提高思想认识和加强型学习。比如你要升职，必须提高学历或外语水平，或者需要提高演讲、论述等技能。

除此之外，也有人为了自己的兴趣爱好学习。比如学跳舞、唱歌、插花、手制天然香皂等。只要是自己喜欢的、想学的，任何人都可以去学。

当然，这也不是全部。其实在人生的每一个阶段，我们都需要从实际生活中学习如何做人的道理。学生时代从书本、老师、同学、父母那里学习如何相处、竞争，成年了就需要在复杂的公司人际关系中学会如何生存、发展的道理。

有句话说："学如逆水行舟，不进则退"。不管是学习什么，只要停止，就会退步。想活得年轻、健康，就不要停止学习，要"活到老，学到老"！

1. 学生时代和工作后相比较，学习上发生了怎样的变化？
2. 进入社会以后都应该学习哪些知识？
3. 人生中最重要的学习是什么？
4. 让孩子学习未来需要的，还是学习自己感兴趣的？
5. 如果有人问你应该学什么，你会怎么回答别人？

단어학습

1. 苦恼 [kǔnǎo]　　痛苦烦恼 [동] 고민하다, 고뇌하다
2. 文凭 [wénpíng]　官方用作凭证的文书 [명] 졸업 증서
3. 补充 [bǔchōng]　加以添补 [동] 보충하다
4. 技能 [jìnéng]　掌握和运用专门技术的能力 [명] 기능, 솜씨
5. 掌握 [zhǎngwò]　了解、熟习并加以运用 [동] 장악하다
6. 加强 [jiāqiáng]　使更坚强或更有效 [동] 강화하다, 증강하다
7. 演讲 [yǎnjiǎng]　演说；讲演 [명] 강연, 연설, 웅변
8. 论述 [lùnshù]　叙述和分析 [명] 논술, 서술
9. 退步 [tuìbù]　指事物由好变坏 [동] 퇴화하다

* 插花 [chāhuā]　꽃꽂이 하다
* 手制天然香皂 [shǒuzhì tiānrán xiāngzào]　수제 천연 비누
* 逆水行舟 [nìshuǐxíngzhōu]　[성어, 비유] 어려운 지경에 처하더라도, 반드시 노력하여 헤쳐 나가야 한다 [주로 '不进则退'와 이어 씀]

연습문제

♣ 选出正确答案。

〈보기〉

① 学海无涯苦作舟　　② 读书破万卷, 下笔如有神　　③ 近朱者赤, 近墨者黑
④ 好记性不如烂笔头　　⑤ 少壮不努力, 老大徒伤悲

1) 객관적인 환경은 사람의 변화에 상당한 영향을 끼친다. (　　)
2) 학문은 왕도가 없다. (　　)
3) 메모하는 것이 중요하다. (　　)
4) 책을 많이 읽으면 좋은 글을 쓸 수 있다. (　　)
5) 젊어서 공부하지 않으면 늙어서 후회하게 된다. (　　)

토론해봅시다

1 大体上中国的思想认为学习是很苦的一件事情,韩国俗语中对学习有怎样的看法? 请举韩国的俗语为例子来说明。

2 你认为我们在生活中一定要学习的是什么?

1. 学生时代一定要学什么?

2. 进入社会以后应该继续深化学习的都有哪些?

3 在上述内容中,请各选一个一定要给子女进行教育的内容和自己以后一定想要学习的一项并发言。

报刊阅读

관련 기사를 읽어봅시다.

18名老人被授予"活到老、学到老"纪念奖

1月8日，开平市老干部大学在该市老干部活动中心举行了秋季结业典礼，全体学员300多人参加了结业典礼。开平市委组织部副部长、老干部局局长梁小耐出席结业典礼并讲话，开平市老干部大学校长胡玉限参加了结业典礼。

梁小耐充分肯定了一年来开平市老干部大学办学取得的成绩，赞扬了学员们高涨的学习热情，并希望学员们要学用结合，紧紧围绕开平市委、市政府的中心工作，结合在老干部大学学到的知识，应用到该市各项事业的建设中去，发挥余热、回报社会。同时，他希望学员继续支持老干部大学，继续参与其他科目的学习和积极发动其他老干部前来学习，并希望老干部大学不断努力、开拓创新，要结合实际，开设更多、更好的课程来满足老干部的需求。

结业典礼上，14名75~79岁和4名80岁以上的学员被授予了"活到老、学到老"纪念奖，3名大学老教师被授予"老有所为"纪念奖。

文章来源：江门日报(黄鹏)

看图说话

♣ 请认真看下列四幅图片后，根据图片的内容讲述一个完整的故事。

제 5 과
家庭的意义

학습목표
1. 인생에서 무게 중심을 둘 수 있는 요소에 대한 단어들을 연습하고 표현할 수 있다.
2. 인생의 주요 부분에 대한 각자의 견해를 듣고 토론할 수 있다.

학습내용
❀ 搭配词语

看到"家人"这个单词, 你能想到哪些单词?

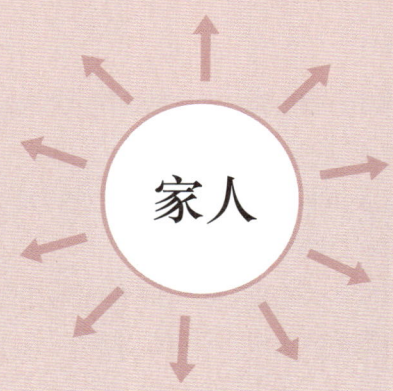

본문 | 工作、家庭，哪个是重心？

根据最近的一个调查报告显示，有43.6%的人的生活重心是工作。而只有13.5%的人觉得，不管是什么都不如自己的家庭重要。可以看出，在现代人生活中，以工作为重心的人比以家庭为重心的人更多。大部分是因为需要努力工作来改善目前的条件，让家人过上更好的生活。在追求事业成功的同时，不得不舍弃很多和家人在一起的时间和机会。

你的生活重心是工作还是家庭？这样安排，你的家人是否满意？

A先生：我是个事业心很强的人。我努力工作就是为了让自己和家人生活得更好，有了经济基础才能让家人过得更幸福。哪怕没时间在一起，也得承受这种现实。

B小姐：钱是赚不完的，不能让金钱占用了生活的全部。回家和家人一起吃顿饭，你会发现原来家庭的温暖才是生活的全部，这才是支持你继续工作的动力。

C小姐：我们的生活重心应该是家庭、工作各占一半。当丈夫需要集中更多精力在工作上的时候，我也非常愿意多花点时间照顾他。

1 你是以家庭为重的人，还是以工作为重的人？
2 你希望你的妻子(丈夫)是以家庭为重，还是以工作为重？
3 你会怎么协调家庭和工作的关系？
4 如果家人无法理解你总不在他们身边的事实，你会怎么处理？
5 当你需要你家人的支持时，他们没有帮忙，你怎么办？

단어학습

1. 调查[diàochá] 为了解情况进行考察 (多指到现场) [동] 조사하다
2. 重心[zhòngxīn] 物体各部分所受重力的合力的作用点 [명] 중심, 무게 중심
3. 改善[gǎishàn] 改变原有情况使好一些 [동] 개선하다, 개량하다
4. 不得不[bùdébù] 不能不, 必须 [부] 어쩔 수 없이, 부득불, 반드시
5. 舍弃[shěqì] 抛弃不要 [동] 포기하다, 버리다
6. 事业心[shìyèxīn] 致力于实现某种事业的志愿 [명] 사업 정신
7. 赚 [zhuàn] 做买卖, 与 "赔" 相对 [동] (돈을) 벌다
8. 占用[zhànyòng] 占有并使用 [동] 점용하다, 유용하다
9. 温暖[wēnnuǎn] 暖和 [형] 따뜻하다, 온난하다, 따스하다
10. 支持[zhīchí] 给予关怀、鼓励或赞助 [동] 지지하다

연습문제

♣ 搭配词语

1) 重心:
   中心:

2) 舍弃:
   放弃:

3) 调查:
   检查:

4) 占用:
   使用:

토론해봅시다

1 你从音乐老师那里听说了你的子女在音乐方面很有天赋，如果老师说要给海外名牌大学写推荐信，你会怎么做？

2 如果公司向你提议派你去非洲工作五年。如果去，你不仅可以参与平时梦寐以求的项目，5年后还有连升两级的保障。你会接受公司的提议吗？如果你去非洲，会带上家人吗？

1. 根据上列提示，请发表自己的意见。

2. 请写下并发言：对你来说，家人到底意味着什么？

报刊阅读

관련 기사를 읽어봅시다.

[幸福的家庭各有各的幸福] "十佳之家"评选标准公布

十佳平安之家：家庭成员自觉学法、守法、懂法、用法，具有较强的法律意识和道德意识。在家庭中树立男女平等观、正确的维权观，家庭和睦、男女平等、赡养老人、关爱孩子、邻里团结，无家庭暴力、无黄、赌、毒、邪教等丑恶行为，具有良好的社会影响。

十佳廉洁之家：家庭成员积极参与家庭廉政文化建设，自觉学习法律法规和反腐倡廉知识；家庭成员具有良好的道德情操，廉洁自律，个人品德好，其自律行为受到周围群众的赞赏；家庭成员以德治家、勤俭持家、以廉养家，共筑家庭助廉防线。

十佳数字之家：家庭具有数字化建设的良好氛围，家庭成员中有参加社区"家庭网上行"活动的积极分子，有家庭成员积极参与社区数字化建设；家庭中能充分利用数字化建设进行互动共享，如制作电子家庭相册、家庭数码娱乐等，创建时尚、丰富、便捷的家庭新生活。

十佳节约之家：家庭成员具有较强的节约意识，树立节约家风，能带头勤俭节约，反对铺张浪费；积极宣传节约型社会、节约型家庭的意义，宣传循环经济知识，成为勤俭节约的倡导者和宣传员。家庭成员在自己的工作岗位上，积极贯彻勤俭节约的方针，创造节约能源的方法技术。

文章来源：厦门日报

看图说话

♣ 请认真看下列四幅图片后,根据图片的内容讲述一个完整的故事。

제 6 과

何以解忧, 唯有杜康。

학습목표
1. 음주와 그에 대한 중국의 고사를 통해 관련 단어들을 연습하고 활용할 수 있다.
2. 한중 양국의 음주 문화에 대한 각자의 견해를 듣고 토론할 수 있다.

학습내용
❀ 关于"酒"的常用句子
❀ 조사 了

你喜欢喝酒吗? 下面的问题, 每个至少填写五个答案。

酒带给我们的好处?	酒带给我们的坏处?
例如: 酒能帮助我们睡觉。	例如: 酒对身体健康不太好。
1.	1.
2.	2.
3.	3.
4.	4.
5.	5.

본문 | 有关酒的传说

有个有趣的传说，说酒是杜康发明的。那他怎么会酿酒，又为什么会给它起名叫酒呢？

故事是这样的：

有一天，杜康想做一种可以喝的东西，可是想不出好办法。晚上做了一个奇怪的梦：他梦见一个老人对他说："你找来水和粮食，把粮食泡在水里。在第九天的酉时(17点~19点)找三个人，每人取一滴血放进去，就可以了。"说完老人就不见了。

杜康醒来就按照老人的话去做，第九天的时候他出去找人。他先看到了一个书生(学习的人)，然后他就急忙走过去跟书生说明他的想法，没想到书生高兴地答应了，然后取一滴血放进去。书生走了以后，他又看到一个军人。杜康马上走过去告诉了军人他的请求，军人也同意了。可是，酉时马上就要过去了，杜康还没有找到第三个人。他有些着急，不过又想了想：只要是人不都可以吗？于是他找了村子里的一个无亲无故的乞丐，取了一滴血放进去。

这样，杜康终于完成了。可是问题又来了：叫什么名字好呢？他想：这里面有三滴血，又是酉时放进去的，就写作"酒"吧。而且这是第九天完成的，就用"九"的发音，叫"jiǔ"。这就是关于酒的传说。

1. 本课标题(《何以解忧，唯有杜康》)里"杜康"指的是什么？
2. 简单地复述一下上述的传说。
3. 谈谈韩国关于酒的故事。
4. 中韩两国人在酒桌文化上有什么不同？
5. 酒在我们的生活中的作用是什么？是应该存在？还是应该消失？

단어학습

1. 有趣[yǒuqù] 有兴味；有趣味 [형] 재미있다, 흥미를 끌다
2. 酿酒[niàngjiǔ] 造酒 [동] 술을 담그다, 술을 빚다
3. 奇怪[qíguài] 跟平常不一样 [형] 기이하다, 괴이하다
4. 粮食[liángshi] 供食用的谷物、豆类和薯类的统称 [명] 양식, 식량
5. 泡 [pào] 用液体浸物品 [동] 액체에 담가·두다
6. 酉时[yǒushí] 旧式记时法，指十七时到十九时 [명] 유시
7. 请求[qǐngqiú] 所提出的要求 [명] 요청, 부탁
8. 无亲无故[wúqīnwúgù] 没有亲属和故旧；形容孤单 친척도 친구도 없다
9. 乞丐[qǐgài] 叫花子；以乞讨为生的人 [명] 거지, 동냥아치

연습문제

♣ 选出正确答案

〈보기〉

① 世人皆醉我独醒　　② 今朝有酒今朝醉　　③ 酒香不怕巷子深
④ 举杯消愁愁更愁　　⑤ 酒后吐真言　　　　⑥ 酒逢知己千杯少

1) 자신의 마음을 아는 친구와 먹는 술은 천 잔도 적다. (　　)
2) 술이 좋으면, 장소가 어디든 마시러 간다. (　　)
3) 취중진담 (　　)
4) 먼 미래는 생각하지 않고, 현재의 향락에 취한다. (　　)
5) 술로 마음을 달래려 했으나, 애수는 더 쌓여만 간다. (　　)
6) 세인은 다 세상에 순응하면서 살지만, 나 혼자 그렇지 못한다. (　　)

토론해봅시다

> 分成"我们社会需要酒"和"我们社会不需要酒"两组，进行下列讨论。

1. 请对你所属的小组持有的观点，简单写出5个根据。

(1)
(2)
(3)
(4)
(5)

2. 讨论时，如果有可以反驳对方意见的好主意，就简单写下来并在发言时灵活运用。

对方的意见：

(1)
(2)
(3)

反驳的内容：

(1)
(2)
(3)

3. 综合讨论过的内容，写成一段文章。

报刊阅读 관련 기사를 읽어봅시다.

有多少人喝酒为了工作

君不见，在政府部门中，上级来检查要喝酒，单位来考察要喝酒，新领导来了要接风，老领导走了要践行，挖空心思请领导喝酒，拉拢人心找人喝酒……酒越喝越上档次，招待费一直居高不下。甚至还有人总结出了干部不喝酒的几个不足：领导干部不喝酒，一个朋友也没有；中层干部不喝酒，一点信息也没有；基层干部不喝酒，一点希望也没有；纪检干部不喝酒，一点线索也没有！

对于说领导干部喝酒是公款吃喝，领导们还感到很冤枉，他们还理直气壮地说：我喝酒是为了什么，还不是为了工作，为了单位的发展，我喝酒喝坏了肠胃，喝坏了身体，我容易吗？喝点酒怎么了？公款吃喝你们看见了，怎么没有看见我为了单位的荣誉、为了某些人的进步是怎么喝坏肠子喝坏胃的。

他们喝酒为了什么！其实大家都明白！反正是花公家的钱捞自己的政治资本和人缘，这样的事谁不干！如果这些政治官员们都是为了工作而喝点酒的话，我想纳税人也不会讲这些官员公款吃喝严重、酒囊饭袋了！

真诚奉劝一句，人民的公仆，公款喝酒先想想是为了什么！

文章来源：四川新闻网－成都晚报

看图说话

♣ 请认真看下列四幅图片后,根据图片的内容讲述一个完整的故事。

제 7 과
怎么让晚年更幸福?

학습목표
1. 노년의 행복에 대한 단어들을 학습하고 신조어를 활용하여 표현들을 완성할 수 있다.
2. 노년의 행복을 즐길 수 있는 방법에 대한 각자의 견해를 듣고 토론할 수 있다.

학습내용
- 의문사 怎么
- 사역동사 让

谈一谈

1. 如果你意外得到了1000万, 你会怎么做?
   如果想随随便便花钱, 那为什么现在不那么做?

2. 如果你只剩下三个月的生命, 你想怎样过?

3. 当你80岁的时候, 你希望自己是什么状态?

4. 现在的幸福和未来的幸福, 你觉得哪个更重要?

본문 | 活在现在 vs 时刻准备着

"忙忙忙，忙到白了头"。不过这可不是现在年轻人的生活实情，而是老年人的生活实情。

随着健康、环保的生活方式被大家接受，人们不再像以前那样经常坐车上下班，走路或骑车上班的人多了；下班后也不是找很多朋友出去喝酒唱歌，而是一起去健身房锻炼身体。谁都知道"身体是革命的本钱"，但是为了以后能更好地度过晚年，仅仅健康是不够的，经济条件也非常重要。

现在很多人都是"月光族"，挣一分花一分，甚至喜欢使用信用卡提前消费，不过这么做的结果是经常有一大堆债务，身心都会很疲惫。对这种做法，年纪大的人可能会不赞成。因为年轻时可以赚钱，可是不储蓄的话，老了怎么办呢？

另一部分人觉得存钱是非常重要的。比如每月固定储蓄、交养老、医疗等保险，都可以说是晚年的经济保障。有了钱，即使老了，自己也可以生活得很安心、很潇洒。对于这种做法，喜欢消费的人认为："保险、存钱、还贷款，以后还要为子女投资，不为自己多花一分钱。虽然现在还年轻，但是等我们老了，牙齿也不好了，想吃吃不下，想喝也喝不了，想去旅行，也走不动了……"

"活在现在"和"时刻准备着"是这两种人的口号，究竟谁说的更有道理呢？

1. 老年人的生活实情是怎样的？
2. 为了健康，你都做着哪些努力？
3. 你有怎样的消费观？是享受现在？还是为老年、晚年做准备？
4. 为了晚年的幸福，除了需要健康和经济能力，你觉得还需要什么吗？
5. 你觉得国家应该怎样保障人们的老年生活？

단어학습

1. 实情[shíqíng]　　真实的情况 [명] 실정, 실제 사정
2. 债务[zhàiwù]　　借贷关系中有偿还义务的人 [명] 채무
3. 储蓄[chǔxù]　　存钱到银行取得一定利息的活动 [동] 저축하다, 비축하다
4. 养老[yǎnglǎo]　　年老闲居休养 [동] 노년에 안락하게 지내다
5. 医疗[yīliáo]　　医治 [명] 의료
6. 保障[bǎozhàng]　　使不受侵犯和破坏 [동] 보장하다 보증하다
7. 潇洒[xiāosǎ]　　气度超脱 [형] 자연스럽고 품위가 있다
8. 贷款[dàikuǎn]　　借钱 [동] (은행에서) 대부하다, 대출하다
9. 投资[tóuzī]　　货币转化为资本的过程 [동] 투자하다
10. 究竟[jiūjìng]　　用于疑问句, 表示追究, 相当于"到底" [부] 도대체, 대관절

연습문제

♣ 填空

1) 消费和_____是国民经济增长的基础。

2) 不管赚多少钱, 一定要_____。

3) 外国人习惯了有_____的生活。

4) 在中国, 目前国家强制要求上的有5种保险, 其中_____和_____是单位和个人共同负担的项目。

5) 中国的年轻人在结婚的时候, 有一定经济能力的都会_____买房。

6) 中国农村的8亿老年人的生活目前还没有完全的_____, 只能靠儿女。

토론해봅시다

1. 关于下列提问, 请说说你自己的意见。

你现在的生活幸福吗? 为了享受年轻岁月, 你在做哪些努力?	你在做养老的准备吗? 你认为应该从什么时候开始准备养老? 需要做哪些准备?

2. 上述两种人生方向中, 你的生活重点放在哪儿? 平时我们的生活重点应该放在哪一个？分两组进行讨论。

报刊阅读   관련 기사를 읽어봅시다.

让老人安享幸福晚年

清早，城关区社会福利院的老人们梳洗完毕后，坐在宽敞舒适的餐厅里，一边吃着由营养师搭配的健康早餐，一边收看早间新闻。

68岁的卓嘎老人和73岁的次央老人吃完早餐后一起到院子里散步活动身体，聊一聊彼此近期的身体状况。晒着暖暖的阳光，卓嘎和次央像其他老人一样，在健身器械上时而伸伸腿，时而扭扭腰，老人们就像童心未泯的孩子般玩得不亦乐乎。

不一会儿，就到了午休时间，卓嘎老人回到自己的屋里，从衣柜里拿出一套新的藏装换上。当穿着漂亮的新衣服出现在护理人员面前时，卓嘎老人打趣地说："藏历新年就要来了，穿上漂亮的新衣服真好看！"

为了在藏历新年期间，进一步丰富福利院老人们的节日文化生活，福利院的工作人员组织了一个业余文艺队，曾有过舞蹈演员功底的员工尼玛被推选为队长，队员们认真编排着各种节目，准备在藏历新年给老人们献上一台精彩的文艺演出。同时，文艺队还邀请平日里喜好唱歌的卓嘎和次央老人到文艺队中作为"特邀嘉宾"，让她们在此次演出中"露露脸"。

"藏历新年的到来，节日的祝福，社会的无限关爱，让我们这'五保户'们感受到了祖国大家庭的温暖，相信我们的生活会越过越好。"嘎老人高兴地说。

文章来源：西藏日报

看图说话

♣ 请认真看下列四幅图片后,根据图片的内容讲述一个完整的故事。

제8과
宠物对我们来说是什么？

학습목표
1. 애완동물과 관련된 일화를 통해 관련 단어들을 연습하고 주요 표현을 활용할 수 있다.
2. 애완동물을 기르는 것에 대한 각자의 견해를 듣고 토론할 수 있다.

학습내용
❀ 因为～, 所以～。
❀ 如果

下面的观点, 同意的打○, 不同意的打×。

1. 宠物能带给人们快乐吗？（　　）
2. 养一只宠物的费用和一个普通人的生活费差不多, 花这么多值得吗？（　　）
3. 如果不喜欢的话, 宠物也像玩具一样说扔就扔吗？（　　）
4. 为了在小区里养宠物给宠物做手术, 你觉得这样做好吗？（　　）
5. 对给宠物办婚礼、办葬礼你同意吗？（　　）

본문 | 养宠物

如果你是个细心的人，在你家的小区或者公园里，就会看到越来越多的人带着宠物出门散步。

为什么越来越多的人会选择养宠物呢？一是追求返朴归真。特别是生活在城市里的人，通过和宠物一起生活，实现一种回到自然的感觉；二是寄托感情。有很多老人，他们的儿子或者女儿很忙，没有时间照顾他们，所以他们内心很孤独。为了消除这种感受，他们会跟宠物生活在一起，宠物成了他们生活中的伙伴，它们是伴侣动物；三是玩赏。现在工作的人每天都很累、很紧张，没有时间运动。他们喜欢跟宠物一起玩儿，从中可以得到放松，也可以与宠物一起运动。

可是随着宠物越来越多，大街上的流浪狗、流浪猫也越来越多。这是为什么呢？以养狗为例：第一，主人开始很喜欢狗，就买了。但是慢慢地不喜欢了、不愿意照顾了，因为它又吃又喝还得排泄，挺麻烦的。所以就不要了；第二，主人在遛狗时不小心把狗弄丢了；第三，狗像人一样会生病，但是治疗费很贵，干脆就不要生病的狗了。所以会把它们丢弃或赶出家门，让它们成为"流浪儿"。

于是很多人会问：宠物是一种玩具吗？宠物对我们来说到底是什么？是可以随便丢弃的无所谓的存在吗？

1 你养宠物吗？养什么宠物？
2 有些人因为照顾宠物很麻烦，所以时间长了就不想继续当"保姆"，你能一辈子对宠物不离不弃吗？
3 如果你有了孩子，你还会养宠物吗？
4 你有照顾流浪狗、流浪猫的想法吗？
5 如果看到被人伤害过的宠物身上的伤，你会有什么感想？

단어학습

1. 细心[xìxīn] 用心仔细、缜密 [형] 세심하다, 면밀하다
2. 宠物[chǒngwù] 家庭饲养的观赏小动物 [명] 애완 동물, 반려 동물
3. 追求[zhuīqiú] 竭力寻找或探索 [동] 추구하다, 탐구하다
4. 返朴归真[fǎnpǔguīzhēn] 回复原来的自然状态。자연으로 돌아가다
5. 寄托[jìtuō] 托付 [동] 기탁하다, 의탁하다
6. 伙伴[huǒbàn] 同伴 [명] 친구, 동반자 伴侣[bànlǚ]
7. 玩赏[wánshǎng] 观赏、把玩 [동] 감상하다, 보고 즐기다
8. 流浪[liúlàng] 漂泊各地, 居无定所, 生活没有着落 [동] 유랑하다, 떠돌아다니다
9. 排泄[páixiè] 排出液体 [동] 배출하다, 방출하다
10. 遛狗[liùgǒu] 带着狗散步 [동] 개를 데리고 산책하다
11. 干脆[gāncuì] 索性, 直截了当 [부] 아예, 차라리
12. 无所谓[wúsuǒwèi] 没有什么影响; 不在乎 상관 없다, 개의치 않다
* 以…为例[yǐ… wéilì] ~으로 예로 삼다
* 赶出家门[gǎnchū jiāmén] 집에서 내쫓다

연습문제

♣ 改错题

1) 宠物换了人们生活中的伙伴。
→

2) 宠物一旦生病了很多人就放弃它, 让它成为"流浪儿"。
→

3) 在人们感到疲惫时, 宠物可以让人放开紧张的神经。
→

4) 宠物不是人们想不要时可以随手扔掉的、没有生命的工具。
→

5) 刚开始决定养宠物时, 一定要想明白从此要好好顾全它。
→

토론해봅시다

> 随着遗弃犬的增加，在宠物身上装电子芯片的方法在全世界成了一种新的趋势，将来包括宠物犬在内所有的宠物都要义务性地装上电子芯片。可是因为装上电子芯片后可能会使宠物患肿瘤等疾病，甚至导致死亡，所以也有不少人在反对。你对这个做法怎么看？

1. 关于宠物装电子芯片的长短处，各写出三个理由。

长处	短处
1)	1)
2)	2)
3)	3)

2. 写一下你对装电子芯片的意见。

3. 根据自己对装电子芯片持反对还是赞成的意见，写下完整的一段话并发言。

报刊阅读

관련 기사를 읽어봅시다.

宝宝就要来，宠物是走还是留？

在李太太没有和李先生结婚前，她就已经养了一只小狗。由于李先生在外地工作，两人是异地恋，小狗对当时独居的李太太是很大的安慰，李太太把小狗从两个月养到两岁，她开玩笑说人和狗是"相依为命"。去年底，李太太和先生结婚，然而由于李先生的工作调动没有解决，两人依旧两地分居，小狗在李太太的生活中还是扮演着不可或缺的角色，朋友把李太太戏称为"狗妈"。

今年初，李太太意外地发现自己怀孕了，这个忽然到来的生命打乱了夫妻俩的计划，他们原本是计算好调到一起才要孩子的。考虑到年纪也不小了，夫妇俩决定要这个小孩，但独自一人在广州的李太太怀孕期间特别辛苦，而且她也要马上下一个决定：把小狗送走还是留下？一想到要把狗送走，李太太就犹豫了，她在仓促间没有办法找到一个适合接收小狗的家庭。而且，李太太的小狗很怕生，被送到陌生家庭如同遭到遗弃，小狗会很受打击，说不定因此性格大变。此外，李太太也担心小狗送给别人后，再接回来就不是那么简单的事了。

最后，李太太决定把小狗留下。她说："小狗留着也是有好处的，老公在外地，我一个人很寂寞，怀孕期间情绪又容易波动，小狗可以陪伴我，安慰我。"

文章来源：新浪网(童梦)

看图说话

♣ 请认真看下列四幅图片后,根据图片的内容讲述一个完整的故事。

제9과

不打不成材,
棍棒之下出孝子吗?

학습목표
1. 자녀의 교육방식에 대한 관련 단어들을 연습하고 주요 표현을 활용할 수 있다.
2. 한중 양국의 자녀의 교육방식에 대한 각자의 견해를 듣고 토론할 수 있다.

학습내용
❀ 赏识教育
❀ 不打不成材, 棍棒之下出孝子。

下面的观点, 同意的打○, 不同意的打✕。

1. 为了改正孩子的错误, 父母或老师体罚孩子是对的。但是要注意程度的深浅。(　　)
2. 为了改正孩子的坏习惯, 适当的体罚是必要的。(　　)
3. 体罚不是好的教育方法。(　　)
4. 孩子做错事情的时候, 除了体罚以外, 还有其他的教育方法。(　　)

본문 | 打骂教育 vs. 赏识教育

很多人小时候都被父母"修理"过。因为中国有一句话:"不打不成材,棍棒之下出孝子。"意思是孩子不打不能成为有用的人,在打骂教育下孩子才会成为孝顺的人。

的确,有一些在打骂中长大的孩子确实很孝顺,学习成绩也很好。贝多芬的爸爸经常对邻居说:"小孩子像一棵小树,如果让它自己生长、不管,是不行的。小时候要是不好好儿教育,长大后也不会成功。"贝多芬不认真弹钢琴的时候,爸爸就用尺子打他的头。要是弹错了,就要一直弹到对才行。贝多芬的成功和他爸爸的教育是分不开的,这也说明家长教育孩子的方法是非常重要的。

但是打骂真的是教育孩子最好的办法吗?

在中国,有一位叫周婷婷的女孩儿,赏识教育让她成为中国的海伦。她一岁半的时候全聋,3岁半才开始学说话,到5岁的时候就能认识2000多个汉字,8岁的时候能说出圆周率小数点后面千位数,创造了新的吉尼斯纪录。她的爸爸经常对她说:"你是最好的!"、"你是最棒的!"可以看出,婷婷的成功是和爸爸的赏识是分不开的。

那么,究竟是打骂教育好还是赏识教育好呢?

1 "不打不成材,棍棒之下出孝子。"其意思是什么?
2 什么是赏识教育?
3 你同意课文中的哪种观点?
4 对犯错的孩子,我们应该采取怎样的教育方式呢?
5 孩子真正需要的是怎样的教育?

단어학습

1. 修理[xiūlǐ] 维护, 修复 [동] 수리하다, 손질하다
2. 棍棒[gùnbàng] 棍子 [명] 막대기, 방망이, 몽둥이
3. 打骂[dǎmà] 打击责骂 [동] 때리고 욕하다
4. 确实[quèshí] 真实可靠 [형] 확실하다, 믿을 만하다
5. 邻居[línjū] 住家接近的人或人家 [명] 이웃집, 이웃 사람
6. 成功[chénggōng] 成就功业或事业 [동] 성공하다, 이루다
7. 赏识[shǎngshí] 给予重视或赞扬 [동] 귀히 여기다, 아끼다, 높이 평가하다
8. 全聋[quánlóng] 完全听不见 귀가 먹다
* 贝多芬[Bèiduōfēn] [인명] 베토벤
* 周婷婷[Zhōu Tíngtíng] [인명] 조우 팅팅
* 海伦[hǎilún] [인명] 헬렌켈러
* 圆周率[yuánzhōulǜ] [수학] 원주율
* 吉尼斯纪录[jínísījìlù] [신조어] 기네스 세계 기록

연습문제

♣ 填空

1) 这个自行车该_____了。
2) _____并不是解决所有子女教育的方式。
3) 小时候, 父母经常说, 只有好好学习, 长大后才能_____。
4) 她买给孩子的衣服_____有点大。
5) _____经常聚在一起聊天。
6) 小明已经_____了, 他一点儿声音也听不见。
7) 他很会做人, 得到了领导的_____。

토론해봅시다

你同意"不打不成材,棍棒之下出孝子"这个观点吗?
写下你的观点和理由,并说服对方。

1. 写下自己的观点。

2. 写出三个理由。

理由 1:

理由 2:

理由 3:

请整理上述内容为一段文章后,到前面来发言。

报刊阅读

관련 기사를 읽어봅시다.

好孩子不是打出来的，而是夸出来的。

在提倡科学发展观的今天，人们对如何教育好孩子,好孩子是怎样教育出来的问题进行了不少的探讨。4月12日下午，大屯街道嘉铭园社区在社区活动室举办了一场关于社区、人文和家庭的座谈会，座谈会上特别邀请到了来自台湾的陈林雍教授。

座谈会上，来的不仅有众多家长，还有不少孩子。陈教授给大家介绍并讲解了美国哈佛大学的教学方式，并告诉大家生活习惯在人生的成长路上至关重要。培养孩子，使其具有良好的生活习惯，不是打孩子，批评孩子，而是要让家庭充满爱，让关怀取代责骂。我们中国的口头禅"棍棒之下出孝子"、"打是亲骂是爱"是没有科学依据的。"好孩子不是打出来的，好孩子是夸出来的。"

座谈不但让人们深有体会，产生共鸣，更重要的是引发了人们对科学教育观念的思考。座谈中不时发出阵阵掌声，居民们都说座谈收获不小，家长和孩子都深有感触。居民们说现在不是说落实科学发展观，要真正实现科学发展，就要做到科学培养、科学教育、科学生活，只有这样才能创造和谐社会。

文章来源：大屯街道计生办

看图说话

♣ 请认真看下列四幅图片后,根据图片的内容讲述一个完整的故事。

제10과
美貌也是一种竞争力?

학습목표
1. 성형에 대한 관련 단어들을 연습하고 수치를 활용한 문장을 표현할 수 있다.
2. 성형수술의 효과 및 부작용에 대한 각자의 견해를 듣고 토론할 수 있다.

학습내용
❀ 人丽资本
❀ 爱美之心, 人皆有之

谈一谈

1. 有很多人为了美丽选择整形手术, 你有何看法?
2. 你对自己的外形、长相等方面, 有不满意的地方吗?
3. 美丽是需要付出代价的, 说说整形手术的副作用。

본문 | "人丽资本"

英国科学家研究发现，在工作中，长相普通男子的收入比英俊的男子少15%；长相一般的秘书收入也比漂亮的秘书少15%；通过调查17733名1958年后出生的人，发现个子高的推销员比个子矮的同事多赚1/4。

相信持有这种观点的人并不只是英国的研究人员。在日本、韩国等国家，不仅有"人力资本"的说法，还有"人丽资本"的说法。人丽资本就是指一个人的外形气质和学历、能力一样重要，外形气质也会影响就业时的竞争力。

"爱美之心，人皆有之"，意思是男女老少，不管是谁，人人都喜欢美的事物。看到漂亮的东西或人，总是自然地产生更多的关注，甚至是好感。比如在面试时，人的外貌、身材、服装等原因很可能影响给对方的第一印象，甚至改变对方的决定。外貌美丽的人一般都更加自信、更有说服力；很多人都会不自觉地将漂亮程度与人品联系起来，对漂亮的人会有更高的期望和更多的关注。当很难在很短时间内对一个人的能力、人品等做出正确判断时，外貌就变成了最直观的判断标准。

有不少人非常在意自己的打扮，甚至会通过整形来改善外貌的不足。你呢？你为了打扮，都在做着哪些努力？

1. 在你的周围有和课文中差不多的事例吗？
2. 你是"外貌协会"的吗？(以貌取人的意思，国内常用流行语)
3. 为了让自己更帅/漂亮，你会做哪些努力？
4. 除了外貌以外，还有哪些能影响竞争力？
5. 你觉得外貌和人品有紧密的关系吗？

단어학습

1. 研究[yánjiū]　　钻研, 考虑 [동] 연구하다, 탐구하다
2. 英俊[yīngjùn]　　长相好, 有精神 [형] 재능이 출중하다
3. 秘书[mìshū]　　协助领导人的工作人员 [명] 비서
4. 推销员[tuīxiāoyuán]　　销售物品的人 [명] 판매원, 세일즈맨
5. 气质[qìzhì]　　个人的性格特点; 风格, 气度 [명] 기질, 성미, 성격
6. 关注[guānzhù]　　关心重视 [동] 주시하다, 관심을 가지다, 배려하다
7. 外貌[wàimào]　　外表, 仪表 [명] 외모, 용모, 풍채, 생김새
8. 说服力[shuōfúlì]　　用充分理由劝导, 使人心服 的能力
　　　　　　　　　　[명] (언사·견해 등에 구비된) 설득력
9. 直观[zhíguān]　　以感觉直接感受的或直接观察的 [형] 직관의

연습문제

♣ 造句

1) 英俊:
→ _____

2) 气质:
→ _____

3) 研究:
→ _____

4) 外貌:
→ _____

5) 直观:
→ _____

토론해봅시다

根据下列提问，写下自己的答案并讨论。

1. 你认为外貌在竞争力中所占的比例是多少？

： _____ %

2. 为了具备竞争力(包括外貌)，应该做哪些努力？

1)

2)

3)

4)

5)

3. 为了提升竞争力，我们应该做什么努力？或者你想做出什么改变？整理一下并发言。

美貌女人与聪明女人

　　与美貌的女人交往，使男人学会花钱。与聪明的女人交往，使男人学会挣钱。因为聪明的女人，将自己挣钱的途径和办法，会不遗余力地告诉与自己交往的男人，又从男人那里获取更多的金钱。而男人对此也很乐意。因为挣了很多钱，也无所谓给聪明的女人花多花少。

　　与美貌的女人交往，使男人风光。与聪明的女人交往，使男人充实。毕竟，聪明的女人伴随在男人的左右，时时刻刻会给男人出谋划策，时时刻刻要男人去奋斗，去进取，去拼搏。作为男人，感到聪明的女人是自己的良师，是鼓舞自己胜利前进的益友，从而产生一种生命不止、奋斗不息的境界。这就印证了一句名言：成功的男人背后必定有一位伟大的女人。

　　与时髦的女人交往，使男人学会欣赏时装。与聪明的女人交往，使男人学会欣赏生活。现在的生活方式和内容是多方位的，多层次的，多元化的。如果拘泥于一种生活方式，就会显得枯燥乏味。而聪明的女人正是这一方面的楷模。她会凭着自己的学识，去告诉男人进行多层次生活的构想，使男人们在欣赏中学会生活，在生活中进行美的欣赏享受。

　　与美貌的女人交往，使男人学会浮躁。与聪明的女人交往，使男人学会作诗。因为，聪明的女人，会使男人们生活浪漫，而浪漫的生活更富激情，在激情的心态下特别能够产生诗歌。李白是这样，苏轼是这样，现代诗人还是这样。所以说，古今中外，是诗人者必定有一个聪明的女人在自己的身旁。

文章来源：深圳新闻网

看图说话

♣ 请认真看下列四幅图片后,根据图片的内容讲述一个完整的故事。

제11과
和我们共存的大自然

학습목표
1. 환경에 대한 관련 단어들을 연습하고 주요 문장을 표현할 수 있다.
2. 환경 오염 및 보호에 대한 각자의 견해를 듣고 토론할 수 있다.

학습내용
❀ 并不是~。
❀ 估计~。

谈一谈

1. 你平时很容易接近的"自然"有哪些？
2. 说一说自然带给我们的好处。
3. 我们能给予自然的都有什么？

본문 | 环境污染和保护

A: 好久不见了，最近怎么样？

B: 别提了，你也知道上次刮大风，把我的好几个棚子都弄坏了。

A: 你损失了不少吧？

B: 可不是吗？不过还好，日本因为核辐射，他们要买外国的蔬菜来吃，所以卖的还行。

A: 哦，那真是不幸中的大幸。

B: 不过，现在非常干旱，农作物都缺水，估计过几个月蔬菜价格要上涨了。

A: 也不知怎么了，又是大风，又是海啸，又是地震，又是干旱的，地球到底怎么了？为什么发生这么多不好的事情？

B: 还不是因为人们不懂得保护环境，总是破坏环境吗？"温室效应"终于起作用了呗！

A: 这种大事不是国家应该想的问题吗？我们想也没用。

B: 当然不是那样了。我们也有责任啊！人人都可以从我做起，保护地球的环境啊！

A: 我们小老百姓能做什么？

B: 别小看自己。我们可以少用对环境不好的塑料袋，也可以少开汽车来减少废气的排放，能做的事情还有很多。并不是只有做了大事才可以保护地球。

A: 真没想到啊！还是你有环保意识。佩服佩服！

B: 过奖了，一起努力吧！

1. 最近我们都经历过哪些异常的气候变化？
2. 近年来，各种自然灾害频发的总体原因是什么？
3. 你觉得保护环境跟你有关吗？
4. 为了我们的生活环境，我们可以做哪些努力？
5. 有异常气候会导致人们的生活发生什么样的变化？

단어학습

1. 刮风[guāfēng]　　　　吹风 [동] 바람이 불다
2. 棚子[péngzi]　　　　用竹木一类东西搭成的篷架或小屋 [명] 막, 장막
3. 核辐射[héfúshè]　　　指放射性原子核放射射线 [명] 방사선, 원자핵 복사
4. 蔬菜[shūcài]　　　　可做菜吃的草本植物 [명] 채소, 야채
5. 干旱[gānhàn]　　　　因降水不足而土壤、气候干燥 [형] 가뭄
6. 浇水[jiāoshuǐ]　　　用水浇灌 [동] 물을 뿌리다, 끼얹다
7. 海啸[hǎixiào]　　　　由海底地震或风暴引起的海水剧烈波动 [명] 해일, 해소
8. 废气[fèiqì]　　　　　机械运转中所产生的没有用的气体 [명] 폐기 가스
9. 排放[páifàng]　　　　排泄放出 [동] 배출하다, 방류하다
10. 佩服[pèifú]　　　　　钦佩; 敬仰悦服 [동] 탄복하다, 감탄하다
* 温室效应[wēnshìxiàoyìng]　[명] 온실 효과

연습문제

♣ 我们还可以做哪些努力? 写出10项我们平时比较容易做到的环保方面的事情。

1) _____
2) _____
3) _____
4) _____
5) _____
6) _____
7) _____
8) _____
9) _____
10) _____

토론해봅시다

科学发展能解决环境污染问题吗?
请写下自己的意见和根据并发言。

1. 自己的意见

2. 根据

3. 以上述内容为基础，写一段话。在课上进行发言并讨论。

报刊阅读

관련 기사를 읽어봅시다.

中国出现"环境保护运动"萌芽

环境保护在中国一向很弱势,社会意识弱、民众参与弱、政府管理弱、执法力度弱,虽然中国成立了环境保护部,但在很多时候,环境保护工作连软约束都算不上。不过,随着中国经济增长,民众对环境问题的关注在增加。日前在四川什邡市发生的因钼铜合金冶炼厂项目而引发的群体性事件,典型地反映了在中国发生的变化。

由于当地居民与警方发生暴力冲突后抗议活动进一步扩大,什邡市政府承诺取消一座金属冶炼厂的建设计划。什邡市政府7月3日表示,由于项目遭到许多市民的反对,项目将被取消,"什邡今后不再建设这个项目"。由于民众的抗议而取消一个投资高达数十亿元建的投资项目,这在中国还十分罕见。在我们看来,此事在中国颇有代表意义。如果什邡市信守承诺,这将是国内极罕见的地方政府因民众反对而撤销项目的案例。

这意味着,在当下的中国,环境保护问题很可能成为群众自发参与的公众行动。我们过去曾分析,中国很有可能出现"消费者运动",因为民众对食品安全问题已高度重视。现在看来,中国完全有可能出现"环境保护运动"。为什么这两种"运动"比较容易出现?一是因为它事涉百姓的基本生计和生命安全,民众有参与的动力;二是因为它事涉民生,而不是政治运动,因而容易被政府接纳。从发达国家的经验来看,当工业化和经济发展到一定程度后,公众参与的"环境保护运动"往往会应运而生。现在,中国也到了这个时候了。

文章来源: 财经网

看图说话

♣ 请认真看下列四幅图片后，根据图片的内容讲述一个完整的故事。

제 12 과
要名牌还是要物美价廉?

학습목표
1. 유명 브랜드의 인기에 대한 관련 단어들을 연습하고 주요 문장을 표현할 수 있다.
2. 유명 브랜드가 사회에 어떤 영향을 주는지에 대해 각자의 견해를 듣고 토론할 수 있다.

학습내용
❀ 属于~。
❀ 认为~。

有没有想过建立自己的品牌? 如果制作品牌标识, 你想制作什么样的? 在下面试着画一画。

谈一谈

你认为人们喜欢名牌的理由是什么?

본문 | 名牌

有人开玩笑说，如果把馒头加肉片放进麦当劳(McDonald)的包装，也一定会有不少人说："麦当劳的馒头真好吃"。这虽然是一个玩笑，但是却反映出了生活中的一个现象：任何物品只要贴上名牌标签，就会受到欢迎，甚至没有人注意它的真假。

人们为什么喜欢名牌？一般人认为名牌质量好，买名牌就是买保障。毕竟一分钱一分货是事实！又有一些人追求名牌并不是为了质量保障，而是为了"名"、为了"大气"。只要每天穿戴名牌，就相当于告诉别人："我是有钱有地位的、是尊贵的，你们都得尊敬我"。所以这些人认为使用名牌不仅是物质享受，更是社会地位和身份的象征。为了满足这种心理，人们即使用假名牌，也感觉自己的地位提升了。

相反，也有不少人不要名牌，要的是追求个性。这些人认为名牌不仅贵，而且不实在。他们喜欢买适合自己的、便宜的，甚至会自己动手做(DIY)一些小东西。他们觉得这种经济适用型消费更理智，而且DIY的东西受到别人欢迎时，更有成就感。既能省钱又能满足自己，一箭双雕，多好啊？

不管哪种消费方式都有一定的道理，你属于哪种消费方式呢？

1 你喜不喜欢名牌？为什么？
2 你同意"产品越贵，质量也会越好"的看法吗？
3 你认为只有使用名牌，才能体现人的价值吗？
4 你有没有属于你自己的个性物品？
5 你怎么看待经济适用型消费？

단어학습

1. 标签[biāoqiān]　　贴在物品上，标明品名、用途、价格等的纸片 [명] 상표
2. 反映[fǎnyìng]　　反照出人或物体的形象；比喻显现出客观事物的本质 [동] 반영하다
3. 质量[zhìliàng]　　事物、产品或工作的优劣程度 [명] 질, 품질
4. 穿戴[chuāndài]　　穿上或戴上；泛指打扮 [동] 걸치다, 지니다, 몸치장하다
5. 尊敬[zūnjìng]　　尊崇敬重 [동] 존경하다
6. 物质[wùzhì]　　指生活资料、金钱等 [명] 물질
7. 享受[xiǎngshòu]　　享用；受用 [동] 누리다, 향유하다, 즐기다
8. 象征[xiàngzhēng]　　以具体的事物体现某种特殊意义 [동] 상징하다, 표시하다
9. 理智[lǐzhì]　　辨别是非、利害关系以及控制自己行为的能力 [명] 이지
10. 一箭双雕[yíjiànshuāngdiāo]　　做一件事达到两个目的 일석이조, 일거양득

연습문제

♣ 选择填空。

1) 这虽然是一个玩笑，＿＿＿＿＿却反映出了生活中的一个现象。
   (而是, 可是, 而且)

2) 你＿＿＿＿＿会做得很好。
   (应该, 估计, 肯定)

3) ＿＿＿＿＿摆在眼前，不相信也不行。
   (真实, 实情, 实况)

4) 他做的事情足够让人＿＿＿＿＿。
   (敬佩, 尊重, 遵循)

5) 他是个＿＿＿＿＿的人。
   (现实, 真实, 真诚)

토론해봅시다

1 有句话说：“外国的月亮比较圆”，你对此有什么看法？

2 关于"物品能反映人的价值"，你是赞成还是反对？

3 让自己活得更有价值的方法有哪些？

报刊阅读

관련 기사를 읽어봅시다.

亚洲人更喜欢买名牌

香港68%的调查参与者表示他们更加喜欢名牌货。思纬公司首席执行长特尔福德表示，在香港，品牌标识有助于向人表示，某个手表或手袋不是仿冒品，而是真货。她说，中国人希望别人知道，他们买的是真东西，不是假的。

美国和英国的调查结果跟香港不同，这两个市场的受调查者表示，他们更有可能挑选没有品牌标识的货品，两国分别只有36%和33%的受调查者表露了对奢侈品品牌的偏爱。这次在线调查有大约8,000人参与，来自11个市场：美国、巴西、加拿大、法国、荷兰、西班牙、中国香港、印度、中国台湾、阿拉伯联合酋长国，以及英国。

调查发现，印度和阿联酋也分别有79%和58%的受调查者更加喜欢名牌。这次调查的发起者说，对奢侈品牌不同的偏爱程度也反映了"旧富"与"新贵"的差别。特尔福德说，在中国，由于很多富人的财富都是在之前10年左右的时间里挣得的，这里的消费者很希望向身边的人显示他们已经上升到了一个更高的阶层。一个被普遍认可的品牌标识，会成为展示穿戴者之成功的最清晰符号。

接近四分之三的印度受调查者表示，他们对于花大价钱购买奢侈品并不感到内疚。思纬公司驻印度研究员戈登说，虽然印度的贫困现象普遍存在，但印度人往往也把奢侈品看作这个国家经济发展的一个标志，而经济的发展最终应该会惠及越来越多的印度人。

文章来源：浙江 钱江晚报

看图说话

♣ 请认真看下列四幅图片后,根据图片的内容讲述一个完整的故事。

제13과
如果世上还有个和我一样的人

학습목표
1. 복제에 대한 관련 단어들을 연습하고 주요 문장을 표현할 수 있다.
2. 복제 기술이 사회에 어떤 영향을 주는지에 대해 각자의 견해를 듣고 토론할 수 있다.

학습내용
❀ 为了~
❀ 可能会~。

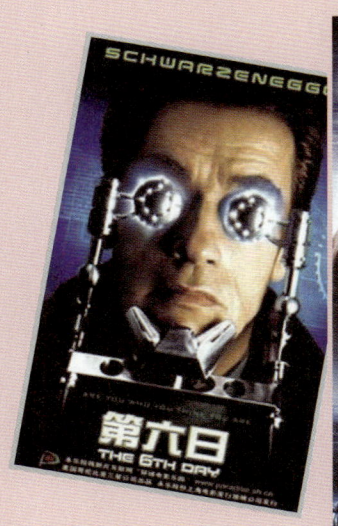  

谈一谈

1. 看过上面的电影吗?
2. 如果有, 就请你简单介绍一下电影的内容。
3. 上面三部电影的共同题材是什么?
4. 电影中印象最深刻的部分是什么?

본문 | 克隆技术

　　克隆人已经不再是小说里的梦想,而是现实。1996年,克隆羊"多利"出生后,克隆成为人们关注的重要问题。现在,已有三个外国组织正式宣布他们要进行克隆人的实验。

　　科学是一把双刃剑。克隆技术确实可能和原子能技术一样,既能给人类幸福,也可以给人类带来伤害。

　　比如,通过克隆人类,可以让失去孩子的人重新得到自己的孩子,也可以让不能生育的人有自己的孩子,还可以挽救白血病人等等,这些就是克隆技术最大的好处。另外,克隆人也可以被用来研究和证明:是环境对人的成长重要,还是遗传对人的成长重要。

　　可是人们也有这样的担心。第一,克隆人出现以后,和被克隆的人是什么关系呢?爸爸的复制人是叫爸爸,还是叫哥哥,又或者是陌生人?第二,在克隆的过程中,由于巨大的失误而只能废弃的生命,在伦理上应该如何对待和理解?第三,克隆技术也有可能会为了商业利润而使用。

　　总之,克隆人有利有弊。是利多还是弊多,你怎么看?

1 如果世上还有一个和你一样的人,你会有怎样的感受?
2 克隆人类是个人能够决定的问题吗?
3 通过克隆技术能得到什么好处?
4 为了克隆人类,人类的胚胎在实验室里像动物一样在使用,你怎么看?
5 克隆人出现后可能会有怎样的情况发生?

단어학습

1. 克隆[kèlóng]　　　复制 [동] 복제하다, 클론화하다
2. 宣布[xuānbù]　　　宣传 [동] 선포하다
3. 原子能[yuánzǐnéng]　　原子核发生变化时释放的能量 [명] 원자력
4. 生育[shēngyù]　　　生长; 养育 [동] 출산하다
5. 挽救[wǎnjiù]　　　尽力补救, 使之脱离危险的境地 [동] 구해 내다
6. 巨大[jùdà]　　　很大 [형] 아주 크다
7. 废弃[fèiqì]　　　抛弃不用 [동] 폐기하다
* 多利[Duōlì]　　　克隆绵羊的名字 [고유명사] 돌리
* 双刃剑[shuāngrènjiàn]　　[신조어] 유리한 점과 불리한 점의 양면성을 가진 것
* 白血病[báixuèbìng]　　　[명] 백혈병

연습문제

♣ 写作文: 写一段话

银行卡也能复制吗?

智能化犯罪:

复制银行卡后从取款机取钱, 个人受损失, 银行会赔偿吗? (请写出100字左右的文章。)

你可以使用: 科技发达、取款机、信息被暴露、负责任

토론해봅시다

1. 读下列句子, 同意的打○, 不同意的打×。

* 克隆人的实验是对神的一种挑战。(　　)
* 无法认为人体胚胎就是一个人。(　　)
* 为了救更多的生命, 人体实验不可避免。(　　)
* 克隆技术整体上利多弊少。(　　)

2. 你支持下列的哪个意见?

* 如果是医疗上的目的, 人体胚胎实验应该在某种程度上得到许可。
* 人是严肃的客观存在, 应该全面禁止人体胚胎实验。

3. 选好你支持的意见后, 请写下三个以上的理由。

报刊阅读

관련 기사를 읽어봅시다.

绝不将技术应用于克隆人

自多利羊诞生至今,围绕克隆技术的争论便喋喋不休,这其中最大的争论就是克隆人的问题。目前世界上已有20多个国家明令禁止这种以克隆人类个体为目的的生殖性克隆。

如何看待这一问题,比尔教授的回答让人印象深刻,"我们的地球上现在已经有70亿的人口了,人数还不够多吗?还需要克隆吗?"比尔教授认为,有人认为人类的繁殖有一天可以像生产汽车一样进行流水化作业,对于这种说法他坚决表示反对。比尔教授表示,如果生儿育女也变得像生产一件工业产品一样,那么人类的情感也将失去其原本的生理基础,这对人类的存在和发展几乎是不可想象的。"我的克隆技术永远不会用来制造人,现在不会将来也不会。"比尔教授坚定地表示。

提起目前正在从事的工作,比尔教授表示自己目前仍然在从事挽救濒危物种的工作。说到这里比尔教授为记者展示了一张猫咪的图片,从外观来看图片上的猫咪与普通小猫并无两样,比尔教授告诉记者这就是自己正在研发的一种新的克隆技术,相信能够帮助拯救濒危动物,他们家乡的苏格兰野猫就是这项技术的第一个受益者。

文章来源: 青岛早报

看图说话

♣ 请认真看下列四幅图片后，根据图片的内容讲述一个完整的故事。

제14과
彩票的魅力

학습목표
1. 복권에 대한 관련 단어들을 연습하고 주요 문장을 표현할 수 있다.
2. 국가복권사업이 사회와 개인에게 어떤 영향을 주는지에 대해 각자의 견해를 듣고 토론할 수 있다.

학습내용
❀ 即使～也～。
❀ 从～角度看

본문 | 彩票抽奖

彩票事业在中国发展的速度非常快。那么多人去买彩票,一定有它的原因。它到底有什么魅力呢?

拿最常见的福利彩票来说,虽然推出福彩时国家的主要目的是:"用得到的钱去帮助残疾人、老年人、孤儿和有困难的人"。但是从个人的角度看,人们当然不仅仅只是为了帮助别人去买彩票,而是因为彩票给他们带来了生活的希望。即使他现在没钱、学历低也没关系,他可以通过买彩票来完全改变自己的人生。彩票面前人人都平等,都有可能成为有钱人。

如果没有中奖,也可以当作是帮助了别人来安慰自己。如果中奖了,那当然是最好不过了。能有什么比这更好的呢?

从国家的角度看,需要帮助的、困难的人总是很多。只依靠国家的力量是不够的。通过彩票发行这种方式,不仅个人有了发财的机会,国家也可以得到更多的钱来帮助有实际困难的人,可以说是一举两得的好方法!

但是,每个事物都有正反面。根据调查显示,让人感到意外的是:过去十年中,中过奖的人们在生活上并不那么幸福。离婚、吸毒、酒精中毒、破产、精神异常、自杀等等现象很普遍。

由此可见,彩票中奖并不能解决人生的所有问题。

1 人们买彩票主要是为了什么?
2 推出福彩时国家的主要目的是什么?
3 彩票能真正地解决人生的问题吗?
4 你买过彩票吗?多长时间买一次?
5 你也相信或等待着通过这种方式改变人生吗?

단어학습

1. 魅力 [mèilì]   极能吸引人的力量 [명] 매력
2. 孤儿 [gū'ér]   失去父母的儿童 [명] 부모가 없는 고아
3. 安慰 [ānwèi]   使心情安适 [형] (마음에) 위로가 되다
4. 发财 [fācái]   获得大量钱财 [동] 큰돈을 벌다
5. 吸毒 [xīdú]   即"吸食毒品" [동] 마약을 복용하다
6. 酒精 [jiǔjīng]   乙醇的通称 [명] 알코올
7. 中毒 [zhòngdú]   受到不良思想的毒害 [동] 중독되다, 해를 입다, 물들다
8. 破产 [pòchǎn]   彻底失败 [동] 파산하다
9. 异常 [yìcháng]   不同于平常 [형] 심상치 않다

연습문제

♣ 翻译

1) 건강에 유익하다.
   → _____

2) 미혹시키는 매력이 있다.
   → _____

3) 자금을 마련하다.
   → _____

4) 국가적 구제.
   → _____

5) 복권에 당첨되다.
   → _____

6) 평등한 인권.
   → _____

토론해봅시다

你支持国家继续搞福彩事业吗?
彩票事业可能引起什么问题? 如何改善这些问题?

1. 你的观点

2. 彩票事业可能引起的问题

3. 如何改善上面的问题?

报刊阅读

관련 기사를 읽어봅시다.

微笑，让我们跟彩民走得更近

说起位于南宁市桂春路中段埌西菜市旁的福彩45013010号投注站，大家首先想到的就是那里有一位长期带着亲和、甜美微笑的销售员，她的名字叫做陈兰芳。

80后的陈兰芳，不仅是一位年轻漂亮的姑娘，还有着对福彩事业热情而认真的态度。今年5月份，她凭着自己过硬的业务功底，获得了投注机操作第三名的好成绩，同时也为该站收获了"创先争优先锋岗"的美誉。陈兰芳自到福彩45013010号投注站工作开始，只要是她当班，彩民都会特别的多。在工作中，遇到彩民不会投注的时候，她都耐心地介绍游戏规则、投注方法，并指导彩民如何填写投注单。此外，在彩民购彩离开之后，她都会真诚地跟彩民说上一句"谢谢您，祝您中得大奖！"

因为投注站地处菜市旁，来往的人很多，大家都喜欢到她工作的投注站去坐坐，或是聊聊上一期游戏的开奖情况，或是买上几注彩票。面对前来站点的人们，陈兰芳都能够做到一视同仁。她说，有些人虽然只是过来看看，如果你区别对待或许就会流失掉一个会来本站的潜在的彩民。

陈兰芳说，投注站对于彩民来说，不仅是一个为自己带来希望的地方，更是一个供大家休闲娱乐的地方，因此好的服务是一个投注站能够长期稳定彩民的重要因素。

文章来源：四川成都晚报

看图说话

♣ 请认真看下列四幅图片后,根据图片的内容讲述一个完整的故事。

제15과
电视剧里的历史

학습목표
1. 문화예술과 역사에 대한 관련 단어들을 연습하고 주요 문장을 표현할 수 있다.
2. 드라마가 역사교육에 어떤 영향을 주는지에 대해 각자의 견해를 듣고 토론할 수 있다.

학습내용
❀ 以~来说
❀ 从~中

谈一谈

1. 你平时喜欢看历史题材的电视剧吗?
2. 上面图片中的电视剧, 有看过的吗?
3. 其中最喜欢看的历史电视剧是哪个?
4. 简单介绍一下你看过的电视剧是什么内容。

본문 | 文艺与历史的关系

文艺与历史的关系一向比较尴尬,有时看起来密切,其实是从来没有理顺过。以电视剧来说历史、解释历史、重塑历史,这是近些年的风气。

电视剧以历史为题材当然十分正常,在小说、戏剧、电影中,历史内容永远占据重要的比重。但是,文艺不能当历史来看,尤其不能当真实历史来对待,也应该算是常识。任何历史只要进入文艺创作,便可能会失去真实性。剧本创作可不是历史研究,等到剧本登上了舞台,演员、导演、舞美设计更将历史事实再度加工。演员演得越好,导演意图表现得越明确,舞美设计越精彩,也许就会离历史越远。观众看到的确实是一出好戏,但决不是一部真实的历史,就如福楼拜所说,只是一部"真实的作品"。

文艺就是文艺,历史就是历史。从电视剧中就可以学到历史,这也从反面说明了目前社会的阅读状况是多么令人担忧!有多少人从学校出来后还在读书?有多少人读书不是为了升学、升职?有多少人天天盯着电视不读书?电视是不是正在成为知识的惟一来源?

1 你认为应拿真实历史来制作电视剧吗?这可能吗?
2 电视剧应该起历史教育的作用吗?
3 制作历史电视剧时应该考虑哪些问题?
4 你能区别对待历史和电视剧吗?
5 在文章的结尾,作者担心的是什么?

단어학습

1. 尴尬[gāngà]   处境困难，难以应付 [형] 입장이 곤란하다 (난처하다)
2. 密切[mìqiè]   关系近 [형] (관계가) 밀접하다, 긴밀하다
3. 解释[jiěshì]   说明含义、原因、理由等 [동] 해석하다, 분석하다, 밝히다
4. 重塑[chóngsù]   重新塑造 [동] 리모델링하다, 재구성하다
5. 风气[fēngqì]   流行的爱好或习惯 [명] (사회나 집단의) 풍조, 기풍
6. 占据[zhànjù]   取得或保持。[동] 점거하다, 점유하다
7. 对待[duìdài]   对人或事物表示某种态度或施以某种行为 [동] 다루다, 대처하다
8. 任何[rènhé]   不论什么 [명] 어떠한, 무슨
9. 舞美[wǔměi]   舞台美术 [명] 무대미술의 약칭
10. 惟一[wéiyī]   独一无二，只有一个 [형] 유일한, 하나밖에 없는
* 福楼拜[fúlóubài]   [인명] 플로베르 (프랑스 작가, Gustave Flaubert(1821~1880))

연습문제

♣ 造句

1) 无比尴尬:
→

2) 社会风气:
→

3) 密切:
→

4) 解释:
→

5) 占据:
→

토론해봅시다

分别站在制作人和观众的立场，对历史电视剧进行讨论。

1. 制作历史电视剧时，应该容许有多少虚构的成分？请简单记下自己的意见并发言。

2. 历史电视剧观众的立场应该是怎样的？简单写下自己的意见并发言。

报刊阅读

관련 기사를 읽어봅시다.

电视剧：别把历史当卖点

　　如果说，创作者因为回避矛盾远离对现实的关注，已经影响了文艺作品现实性的深度和广度，那么另外一些创作者对历史的为所欲为更加令人忧虑，这是看完一些古装题材大片的感受。四大名著之一的《西游记》被周星驰大话之后，香港中文大学李欧梵教授将其"无厘头"殿堂化为"后现代主义"，但《西游记》是神话传说、文学创造，不是历史。

　　　　　　　　　　(中略)

　　历史被艺术"利用"早就是不争的事实，但艺术"插足"历史的基本底线，应该尊重起码的逻辑——人性的逻辑、情感的逻辑、基本史实的逻辑。这些逻辑对于后世更好地认知历史、更好地观照现实，是有益处的。好莱坞电影的优与劣姑且不论，但美国式的"实用主义"不妨参看。也就是说，无论中国导演如何处理历史，请至少赋予我们某种享受：美学的也好，思想的也罢，借古讽今也好，以史明志也罢。而近来中国的古装历史片/剧，太过冲"钱"而去，什么好卖就卖什么。当历史成为卖点，作为观众的您又成为什么？

文章来源：光明日报(王田)

看图说话

♣ 请认真看下列四幅图片后,根据图片的内容讲述一个完整的故事。

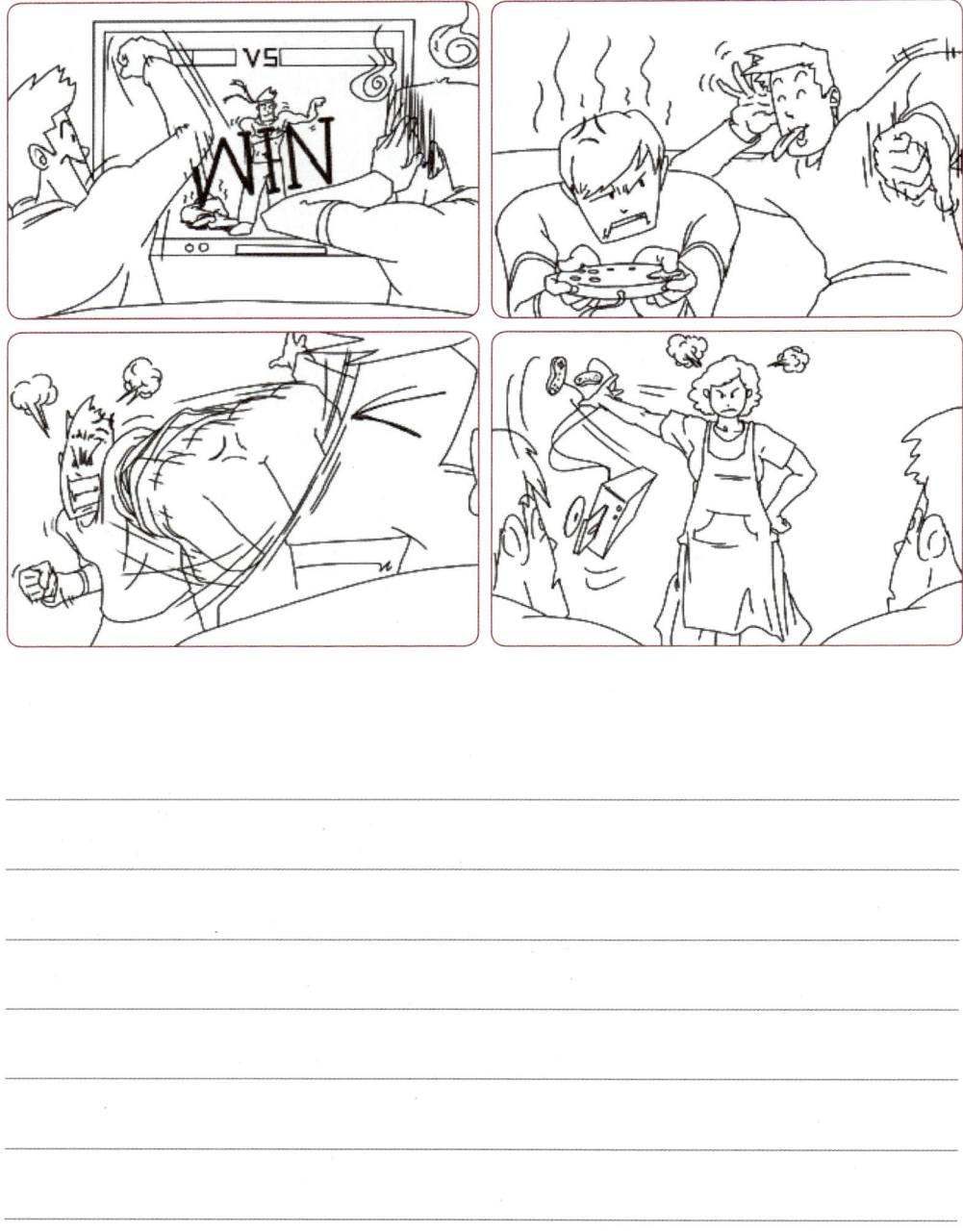

제16과
拆的是房子, 痛的是文化

학습목표
1. 건물 보호에 대한 관련 단어들을 연습하고 주요 문장을 표현할 수 있다.
2. 건물을 보호하는 방법에 대해 각자의 견해를 듣고 토론할 수 있다.

학습내용
❀ 不仅~而且~。
❀ 即~也~。

卫星照片上，鼓楼东南角(图中白框内区域)已经变成平地。

谈一谈

1. 韩国值得自豪的文化遗产都有哪些?
2. 韩国文化遗产有什么固有的特点?
3. "拆的是房子, 痛的是文化", 这句话是什么意思?

본문 | 拆除北京四合院

奥组委为了在北京奥运会的时候展现城市的现代化、井然有序,决定拆除部分地区的四合院,用现代化的方式重新设计。2012年,北京钟鼓楼之间的四合院也被拆除了。对此,人们在网上议论纷纷。

老百姓认为:拆除四合院就等于破坏了北京几百年来的城市纹理。能够代表北京的不是现代化的高楼,而是这些已经存续几百年的四合院,是那些古老的建筑文化。人们批评这种破坏文化的行为。那么,除了拆除,就没有一石二鸟的好方法去保护吗?

这些建筑保护起来很难的原因首先是经济因素。因为它们很多都在城市的中心。城市中心区域经济价值大,商人会很想开发这样的地区。这样保护文化遗产就非常难了。其次就是便利性。四合院供暖需要用煤炭。不仅不方便,而且会污染环境,又没有洗手间,只能利用附近的公共洗手间。也没有现代化的停车场等等。

目前旅游开发是一种比较好的保护方式。得到的收入还可以用来维修这些建筑。如果不改变这些建筑的外形,变化一下内部的规划和设计,这样可以让古典和现代相结合,既可以保留古典文化,也可以增加现代感。

不破旧也能立新,不是更好吗?

1. 赞成拆除旧建筑的人可能更加注重什么?
2. 如果是你,你会选择获得很大的经济利益,还是保持古建筑的原样?
3. 如果有机会,你会考虑去四合院感受中国式的居住文化吗?
4. 光化门复原工程,是为了抹除日本帝国主义在韩国文化遗产上留下的疤痕,不惜花重金再建,你赞成吗?
5. 很多人不懂得保护文化遗产的重要性,你在这个方面怎么样?

단어학습

1. 井然有序[jǐngrányǒuxù]   有条理, 有秩序 [형]차례 [순서]가 있다, 질서 정연하다
2. 拆除[chāichú]   拆掉; 除去(建筑物等) [동] (건축물 등을) 철거하다, 허물다
3. 议论纷纷[yìlùnfēnfēn]   形容意见不一, 议论很多 의견이 분분하다, 왈가왈부하다
4. 破坏[pòhuài]   使受到损坏或损害 [동] (건축물 등을) 파괴하다
5. 纹理[wénlǐ]   物体上的线条状纹路 [명] (물체에 나타난) 무늬, 결
6. 存续[cúnxù]   存在并持续 [동] 존속하다
7. 遗产[yíchǎn]   历史上遗留、累积的精神财富 [명] 유산
8. 供暖[gōngnuǎn]   用人工方法保持室内一定温度的技术 [명] 난방하다
9. 污染[wūrǎn]   指对自然生态环境的破坏 [동] 오염시키다
10. 古典[gǔdiǎn]   古代流传下来的在一定时期认为正宗的 [형] 고전적
* 四合院[sìhéyuàn]   华北地区民用住宅中的一种组合建筑形式 [명] 사합원
  (북경의 전통 주택 양식으로, 가운데 마당을 중심으로 사방이 모두 집채로 둘러싸여 있음)
* 奥组委[Àozǔwěi]   奥林匹克组织委员会 올림픽 조직위원회
* 奥运会[Àoyùnhuì]   奥林匹克运动会(Àolínpǐkèyùndònghuì) 올림픽 경기

연습문제

♣ 选词填空

1) 中国政府强烈_____ (批评, 责备) 日本改写历史的恶行。

2) _____ (维护, 保全) 基本的人权是国家应尽的责任。

3) 随着国家经济发展, 环境_____ (污染, 损害) 的程度也越来越严重。

4) _____ (保护, 维护) 环境是每个公民该尽的义务。

5) 诚实的品性比任何珍宝都有_____ (价钱, 价值)。

6) 千百年来, 木乃伊在金字塔里完好地_____ (存续, 储存) 了下来。

토론해봅시다

你同意"旧的不去,新的不来"这个观点吗?
写下你的观点和理由,并说服对方。

1. 请记下你的观点。

2. 请找三个理由并一一写下来。

理由 1:

理由 2:

理由 3:

请将上述内容整理成一段文章后,到前面去发言。

报刊阅读 관련 기사를 읽어봅시다.

文物保护为何这么难

面对频频失守的文化遗产，许多专家与学者心痛不已，社会也发出强烈的质疑：文物保护为何这么难？不反思这个问题，恐怕类似于张治中公馆、梁林故居、济南英国领馆、蒋介石重庆官邸接连惨遭厄运案例，将更频繁地出现。

城市管理者应该反思。老建筑的逝去，不仅毁掉了一座城市的历史，也毁掉了城市的文化记忆。城市管理者应该懂得，文化底蕴、城市内涵、城市的胸怀和气魄，才是一座城市发展的不竭的动力，是一座城市参与世界竞争的底气。每座城市都拥有独一无二的历史，都有别人无法媲美的灿烂文化。这些散布在城市角落里的历史遗迹，不正是历史留给城市的财富吗？

保护文物也是每一个公民的职责。"保护文物，人人有责"，这并不是嘴上喊的口号，在面对文物被破坏时，每个人都应该站出来。作为公民，有权利这么做；作为城市的一员，也有责任这么做。

当然，文物保护还需要法律不断完善作为现实支撑，需要社会舆论的广泛监督。只是无论文物主管单位还是城市管理者，专家学者还是普通市民，在面对文化遗产被损坏时，都应该做出正确的抉择。

文章来源：湖南日报

看图说话

♣ 请认真看下列四幅图片后,根据图片的内容讲述一个完整的故事。

부록

八先生 중국어 토론

연습문제 답안

제1과
1) 微博　2) 手机　3) 上网　4) 电脑上网
5) 黄色网站

제2과
1) 教诲　2) 千辛万苦　3) 心满意足　4) 付出
5) 义务

제3과
1) 너무 배불리 먹지 않고 70% 정도 배부르게 먹는다.
2) 물 많이 마시고 커피나 탄산음료 같은 자극성이 있는 것은 적게 마신다.
3) 식사 후 산책하면 99세까지 산다. (운동의 중요성 강조)
4) 술을 마시지 않고 담배를 피우지 않는다.
5) 신체와 마음(정신)의 건강을 유지한다.
6) 정기적으로 건강검진을 한다.

제4과
1) ③　2) ①　3) ④　4) ②　5) ⑤

제5과
1) 生活重心, 中心思想　2) 舍弃生命, 放弃权利
3) 调查研究, 检查工作　4) 占用时间, 使用工具

제6과
1) ⑥　2) ③　3) ⑤　4) ②　5) ④　6) ①

제7과
1) 投资　2) 储蓄　3) 债务　4) 养老保险, 医疗保险
5) 贷款　6) 保障

제8과
1) 成　2) 丢弃　3) 放松　4) 玩具　5) 照顾

제9과
1) 修理　2) 打骂　3) 成功　4) 确实　5) 邻居们
6) 全聋　7) 赏识

제10과
1) 英俊: 他长得很英俊, 跟某个明星很像。
2) 气质: 她有公主般的高贵气质。
3) 研究: 这个问题需要好好研究。
4) 外貌: 每个人都或多或少对自己的外貌感到不满。
5) 直观: 这幅画很直观地体现了现代人的生活方式。

제11과
1) 做绿色消费者。购买绿色环保的购物袋。
2) 自己带筷子, 拒绝使用一次性筷子。
3) 拒绝购买以快要灭绝的物种为原料的中药材。
4) 拒绝使用珍贵木材制成用品, 给动物一个安全的家园。
5) 双面使用每张纸。
6) 使用节水型用具, 节约每一滴水。
7) 使用无磷洗衣粉。
8) 购买无氟冰箱, 防止地球臭氧层被破坏。
9) 随手关灯, 节约能源。
10) 发现污染, 打电话给环保局。
11) 拒绝过度包装。如能用一个装下, 绝不使用两个塑料袋。
12) 少开空调, 多吹自然风。

제12과
1) 可是　2) 肯定　3) 真实　4) 敬佩　5) 真实

제13과
科技发达并不见得总是好事。最近网上有一部分人公开打广告说可以复制银行卡。只要复制了银行卡, 就可以从取款机取钱。个人银行卡信息被暴露、复制, 不管是哪个地方出了问题, 毕竟钱是从银行的取款机流失的。出了这种问题, 银行会负责任吗?

연습문제 답안

제14과
1) 对健康有益(有益于健康)　2) 有迷人的魅力
3) 准备资金　4) 国家的救济　5) 彩票中奖
6) 平等的人权

제15과
1) 别人都穿了运动服，只有她穿了裙子，她感到无比尴尬。
2) 现在的社会风气使年轻人不再轻易相信和帮助别人了。
3) 你要密切注意他们的动向。
4) 你能解释一下这到底是怎么回事吗?
5) 他在我心中占据着别人无法代替的重要位置。

제16과
1) 批评　2) 维护　3) 污染　4) 保护
5) 价值　6) 存续